Frank Hielscher, Ansgar Kemmann, Tim Wagner

Debattieren unterrichten I

Unter **www.friedrich-verlag.de** finden Sie Materialien zum Buch als Download.
Bitte geben Sie den achtstelligen Download-Code in das Suchfeld ein:
d11070du

Bibliografische Information der Deutschen Nationalbibliothek
Die Deutsche Nationalbibliothek verzeichnet diese Publikation in der Deutschen Nationalbibliografie; detaillierte bibliografische Daten sind im Internet über http://dnb.d-nb.de abrufbar.

Impressum

Frank Hielscher, Ansgar Kemmann, Tim Wagner
Debattieren unterrichten I
Curriculum, Übungsbeschreibungen und Systematik

9. Auflage 2025

Friedrich Verlag GmbH
D-30159 Hannover

www.friedrich-verlag.de

Illustrationen und Gestaltung: Henning Parche, Wiesbaden
Fotos: Studio LÊMRICH, Frankfurt am Main
Druck:
Printed in Germany

ISBN (Print): 978-3-7800-1070-4
ISBN (E-Book): 978-3-7727-9033-1

Jugend
debattiert

Frank Hielscher, Ansgar Kemmann, Tim Wagner

Debattieren unterrichten I

Curriculum, Übungsbeschreibungen und Systematik

„Durch das Debattieren ist mir klar geworden, wie wichtig es ist, seine Meinung zu vertreten und diese auch zu verteidigen. Aber vor allem sollte man seine Ansichten ändern, falls einem auffällt, dass die Argumente, die dagegen sprechen, besser sind, als die Argumente, die dafür sprechen. Ich denke, wenn uns das allen bewusst wird, kann das Leben in unserer Gesellschaft nur noch einfacher werden."

Charlotte Hahn, Klasse 9, Romain-Rolland-Gymnasium Dresden,
Landessiegerin Sachsen und Bundesfinalistin, Jugend debattiert 2021

Jugend debattiert

Inhalt

Einführung 7

Kapitel 1 Debattieren probieren 9

Kapitel 2 Position beziehen 23

Kapitel 3 Aufeinander eingehen 35

Kapitel 4 Schlüsse ziehen 51

Kapitel 5 Voraussetzungen klären 63

Kapitel 6 Debattieren trainieren 75

Das Curriculum 89

Verzeichnis der Übungen 93

Curriculare Gestaltungsmöglichkeiten 98

Erläuterungen zu den Arbeitsblättern 104

Weiterführende Hinweise 111

Lehrwerke zu Jugend debattiert 112

Einführung

Wozu debattieren? Wir sind doch nicht im Bundestag! Debattiert wird jedoch auch anderswo, nämlich überall, wo eine Entscheidung ansteht und sich die Frage stellt: „Ja oder nein? Sollen wir oder sollen wir nicht?" Debatten entstehen daher ganz von selbst: in der Familie und im Verein, in der Stadt und in der Schule – etwa, wenn Schülerinnen und Schüler einen Beitrag zum Schulfest planen oder sich über das Ziel der nächsten Klassenfahrt verständigen.

An jeder weiterführenden Schule ist es möglich, auch im Unterricht zu debattieren. Mit einfachen Themen (z. B. „Sollen in unserer Klasse neue Poster aufgehängt werden?") und einfachen Redestrukturen (z. B. „Frage – Grund – Antwort") können Schülerinnen und Schüler schon ab Klasse 5 das Debattieren probieren. Spielerische Übungen bieten sich als Einstieg an und aktivieren die gesamte Klasse.

Das vorliegende Buch, zugleich offizielles Lehrwerk für Lehrkräfte bei Jugend debattiert, zeigt Ihnen in dreißig verschiedenen Übungen, wie man die Debatte als Gesprächsform in den Unterricht einführen und methodisch nutzen kann. Das erste Kapitel heißt „Debattieren probieren" und lädt Sie ein, gleich anzufangen. Die Übungen der folgenden vier Kapitel zielen auf vier zentrale Fertigkeiten: „Voraussetzungen klären", „Position beziehen", „Aufeinander eingehen" und „Schlüsse ziehen". Das sechste Kapitel „Debattieren trainieren" rundet das Übungsprogramm ab.

Alle Übungen sind systematisch aufeinander abgestimmt und im Unterricht aller Jahrgangsstufen weiterführender Schulen einsetzbar. Der Schwierigkeitsgrad der Übungen richtet sich nach dem jeweils gewählten Thema. Die Struktur des Übungsprogramms wird am Ende des Buches unter der Überschrift „Das Curriculum" erläutert. Sie können die Übungen sowohl zu ganzen Unterrichtsreihen verbinden, als auch einzelne Übungen kontinuierlich im Rahmen Ihres jeweiligen Fachunterrichts verwenden. Zur besseren Planung sind den Übungen Zeitangaben beigefügt. Sie sind jedoch nur als Anhaltspunkte zu verstehen. Je nach Stand der Klasse können deutliche Abweichungen angebracht sein.

Im zweiten Band *Debattieren unterrichten II: Grundlagen, Erweiterungs- und Vertiefungsmöglichkeiten* werden auf der Basis des hier vorgestellten systematischen Ansatzes Methoden vorgestellt, um die beim Debattieren erworbenen Fähigkeiten differenziert weiterzuentwickeln und mit anderen Kompetenzbereichen zu verknüpfen.

Unter dem Titel *Debattieren lernen* ist außerdem ein Arbeitsheft für Schüler erhältlich, das in seinem Aufbau auf das vorliegende Buch abgestimmt ist. Das Arbeitsheft ist ebenfalls in sechs Kapitel gegliedert, die sich auf die sechs Lernziele des Curriculums beziehen. Jedes Kapitel enthält Übungsanleitungen, Abschnitte zur selbstständigen Bearbeitung, Beispieltexte und Hinweise darauf, wie das Gelernte vertieft und auch außerhalb von Jugend debattiert angewendet werden kann. Die Ausgabe für Sprachlernende enthält darüber hinaus Redemittelkarten und weitere Materialien, die separat paginiert sind. Im vorliegenden Buch finden sich Verweise auf *Debattieren lernen* in der Kurzinformation am Seitenkopf. Diese Verweise beziehen sich stets auf beide Ausgaben dieses Arbeitshefts für Schülerinnen und Schüler. Am Ende dieses Bandes finden Sie eine Übersicht mit detaillierten bibliografischen Angaben zu den Lehrwerken zu Jugend debattiert.

Was haben nun Ihre Schülerinnen und Schüler davon, debattieren zu lernen? Debattierfähigkeiten sind in und außerhalb der Schule nützlich: In Referaten, Abschlussprüfungen und Bewerbungsgesprächen hat bessere Chancen, wer frei und zusammenhängend reden kann. Auch Präsentationen mit Medieneinsatz gelingen besser, wenn man weiß, wie man Reden aufbaut und klar strukturiert. Ebenso profitiert das Aufsatzschreiben: Wer debattieren kann, versteht auch, eine These zu erörtern. Die Reden zur Eröffnung einer Debatte sind hierfür eine hervorragende Übung.

Schülerinnen und Schüler, die sich regelmäßig im Debattieren üben, gewinnen kontinuierlich an methodischen, sozialen und personalen Kompetenzen. Sie lernen, ausführlicher zu sprechen und sich kurz zu fassen, genau zuzuhören und schneller zum Punkt zu kommen, Gründe für die eigene Sicht anzugeben und die Gründe der anderen genau zu prüfen. Und sie lernen, gegensätzliche Meinungen auszuhalten, Perspektivwechsel zu vollziehen und Konflikte sprachlich zu lösen.

Schülerinnen und Schüler, die gelernt haben, sowohl ihre eigene Position konzentriert und folgerichtig darzustellen als auch die Argumente der Gegenseite einzubeziehen, sind selbstbewusst und teamfähig. Sie sind in der Lage, andere zu respektieren und eigene Interessen mit den Interessen anderer zu vermitteln. Diese Fähigkeit ist die Basis gemeinsam getragener Entscheidungen und eine Grundlage unserer freiheitlichen Demokratie.

Jugend debattiert ist ein Programm auf Initiative und unter der Schirmherrschaft des Bundespräsidenten. Träger des Programms sind die Gemeinnützige Hertie-Stiftung und die Heinz Nixdorf Stiftung in Kooperation mit der Kultusministerkonferenz,den Kultusministerien und den Parlamenten der Länder. Gefördert wird Jugend debattiert vom Bundesministerium für Bildung und Forschung. Im Mittelpunkt steht ein bundesweiter Wettbewerb für Schülerinnen und Schüler ab Klasse 8. Dem Wettbewerb geht stets das gemeinsame Training im Unterricht voraus. Weitere Informationen zu Jugend debattiert finden Sie am Ende dieses Buchs und im Internet unter www.jugend-debattiert.de.

Wir wünschen Ihnen viel Erfolg und spannende Debatten!

Kapitel 1 Debattieren probieren

Debattieren probieren: Lernziele

Die Schülerinnen und Schüler sollen ...

erfahren, dass ein Miteinander nur gelingt, wenn sich die Beteiligten aufeinander einstellen,

verstehen, dass Debattenthemen stets Entscheidungsfragen sind,

erkennen, dass eine Debatte ein Gespräch nach festen Regeln ist,

ausprobieren, wie eine Debatte nach Regeln von Jugend debattiert auf einfachster Stufe abläuft.

Übung: Ballspiel

Die Übung „Ballspiel" macht erfahrbar, was gelingende Kommunikation voraussetzt: Aufmerksamkeit, Zuwendung und Konzentration. Sie aktiviert die gesamte Lerngruppe und eignet sich gut für den Einstieg in die Unterrichtsreihe.

10 Minuten

ein handlicher Ball

Ablauf

Erste Runde

Die Schülerinnen und Schüler bilden einen Kreis. Sie erhalten den Ball und werfen ihn sich gegenseitig zu, ohne dabei miteinander zu sprechen. Ist das Ballspiel in Fluss gekommen, wird nach kurzer Zeit unterbrochen und gefragt:

Wann kommen die Bälle an?

Die Antworten können an der Tafel festgehalten werden, zum Beispiel:

Die Bälle kommen an, wenn …

… sie so geworfen werden, dass man sie gut fangen kann.

… derjenige, der den Ball wirft, deutlich zeigt, wen er anspielt.

… alle Beteiligten aufmerksam darauf achten, wo der Ball sich befindet.

Zweite Runde

Das Spiel geht weiter. Jetzt liegt die Aufmerksamkeit vor allem darauf, dass die Bälle tatsächlich ankommen. Nach einer Weile wird wieder unterbrochen und gefragt:

Was haben Ballspiel und Gespräch gemeinsam?

Die gefundenen Gemeinsamkeiten werden ebenfalls an der Tafel notiert, zum Beispiel:

Ballspiel und Gespräch haben gemeinsam:

Was man sich „zuwirft", soll ankommen – im Spiel der Ball, im Gespräch ein Gedanke, Vorschlag oder Argument.

Unterschiedliche „Spielzüge" sind möglich: lockeres Hin und Her, direkt zum Gegenüber, Wendung zum Nachbarn, Angriff und Verteidigung.

Es gibt Regeln der Fairness und des Respekts, die für alle Spiele und alle Formen des Gesprächs gelten.

Für die meisten Ballspiele und manche Gesprächsformen gibt es spezielle Regeln zum Ablauf, zur Dauer, zur Anzahl und den Rollen der Beteiligten.

Übung: Themenspeicher

Die Übung „Themenspeicher“ gibt den Schülerinnen und Schülern die Möglichkeit, Themen selbst vorzuschlagen und sie in die Form von Debattenfragen zu bringen.

18 Minuten

Papierbogen in Plakatgröße

Debattieren lernen, S. 4–5

Ablauf

An der Tafel werden zwei Fragen zu demselben Themenbereich notiert: eine W-Frage, zum Beispiel eine Frage, die mit ‚Wie‘ beginnt, und eine Soll-Frage. Die Schülerinnen und Schüler bilden nun Kleingruppen. Die Gruppen, die in der linken Hälfte des Klassenraums sitzen, haben die Aufgabe, über die W-Frage zu sprechen. Die Gruppen, die in der rechten Hälfte des Klassenraums sitzen, sprechen über die Soll-Frage. Nach vier Minuten werden die Ergebnisse gesammelt und in Stichworten unter den Fragen notiert.

Beispiel

Wie können wir unseren Klassenraum verschönern?

- *Poster aufhängen*
- *Pflanzen aufstellen*
- *eine gemütliche Sitzecke einrichten*
- *neu streichen*

Sollen wir unseren Klassenraum neu streichen?

- *Ja:* 𝍸 |
- *Nein:* 𝍸 |||

Auswertung

Nun wird besprochen, welchen Einfluss die Fragestellung auf den Verlauf und das Ergebnis des Gesprächs hat. W-Fragen sind offene Fragen, auf die sehr viele unterschiedliche Antworten gegeben werden können. Soll-Fragen sind Entscheidungsfragen, auf die man mit ‚Ja‘ oder ‚Nein‘ antworten kann. Debattenfragen sind stets solche Entscheidungsfragen.

Themen sammeln

Die Schülerinnen und Schüler bekommen nun sechs Minuten Zeit, um in Kleingruppen interessante Themen zu sammeln, über die sie unterschiedlicher Meinung sind und die man als Soll-Fragen formulieren kann. Dabei orientieren sie sich an der Leitfrage:

Was soll in unserer Schule (unserer Stadt, unserem Land) verändert werden?

Die Streitfragen werden auf einem Plakat festgehalten, das dann als „Themenspeicher“ für die weitere Unterichtsreihe zur Verfügung steht.

Themenbeispiele

- Sollen in unserem Klassenraum neue Poster aufgehängt werden?
- Soll der Unterricht erst um 9 Uhr beginnen?
- Soll an unserer Schule eine einheitliche Schulkleidung eingeführt werden?
- Sollen Klassenräume in großen Pausen geöffnet bleiben?
- Sollen Schüler ihre Schule selber putzen?
- Soll in der Schulkantine ein vegetarischer Tag pro Woche eingeführt werden?

- Soll als erste Fremdsprache eine andere als Englisch unterrichtet werden?
- Soll Religionsunterricht nur außerhalb der Schule stattfinden?
- Sollen Lehrer von ihren Schülern bewertet werden?
- Sollen Mobiltelefone in der Schule verboten werden?
- Sollen in der Schule regelmäßig Drogenkontrollen stattfinden?

- Sollen innerstädtische ‚Brennpunkte' videoüberwacht werden?
- Soll das Strafmündigkeitsalter auf 12 Jahre gesenkt werden?
- Soll das Rauchen generell verboten werden?

- Soll man den Pkw-Führerschein schon mit 16 Jahren erwerben dürfen?
- Sollen Läden auch an Sonntagen öffnen dürfen?
- Sollen Betriebe, die nicht ausbilden, deshalb eine Abgabe zahlen?
- Soll industrielle Massentierhaltung verboten werden?

- Soll das Wahlalter bei Kommunalwahlen auf 16 Jahre gesenkt werden?
- Soll das Wahlrecht durch eine Wahlpflicht ersetzt werden?
- Soll eine individuelle Obergrenze für Flugreisen eingeführt werden?

Kriterien für die Themenwahl

Die Themen, die in der Klasse oder Lerngruppe debattiert werden, können die Schülerinnen und Schüler selbst bestimmen. Als Themen für Debatten eignen sich auch Fragen aus dem Unterricht und dem Schulalltag.

Die Debattenthemen sollten jedoch immer bestimmte Kriterien erfüllen:

Ein Thema eignet sich gut für eine Debatte, wenn ...	**Ein Thema eignet sich nicht gut für eine Debatte, wenn ...**
... es als Entscheidungsfrage (ja/nein) formuliert ist.	... es als Klärungsfrage (W-Fragen: wer, was, warum...) formuliert ist.
... sich die Entscheidungsfrage auf eine konkrete Maßnahme oder Regelung bezieht, also eine praktische Frage ist („Soll ...?“).	... es sich um eine rein technische oder theoretische Frage handelt („Ist es möglich, ...?“, „Gibt es ...?“).
... die Maßnahme oder Regelung, nach der gefragt wird, von allgemeinem Interesse und damit politisch ist.	... es sich um eine Privatangelegenheit, eine Geschmackssache oder einen Einzelfall handelt, der nur für wenige von Interesse ist.
... die Pro-Seite, die die Frage mit „Ja“ beantwortet, sich für eine Änderung des bestehenden Zustands ausspricht. (Beispiel: „Soll die Schulpflicht aufgehoben werden?“)	... die Frage nicht auf eine Veränderung des bestehenden Zustands abzielt. (Beispiel: „Soll die Schulpflicht weiterhin bestehen?“)

Ist die Frage in der Klasse tatsächlich umstritten, werden sich ohne Weiteres Rednerinnen und Redner für Pro und Contra finden lassen. Ist dies nicht der Fall, übernehmen einzelne Schüler die fehlende Position wie ein Anwalt, unabhängig von ihrer persönlichen Meinung.

Für den Einstieg in das Debattieren empfiehlt es sich, Themen auszuwählen, die so eng mit dem Erfahrungshintergrund der Schülerinnen und Schüler verbunden sind, dass sie ohne gesonderte Recherche behandelt werden können.

Übung: Die Frage klären

Die Übung „Die Frage klären“ ermöglicht, ein Thema in kurzer Zeit so weit vorzubereiten, dass eine Debatte geführt werden kann. Dabei wird exemplarisch geübt, die Schlüsselbegriffe zu erschließen und knapp zu erläutern.

8 Minuten

evtl. Wörterbuch

Debattieren lernen, S. 35

Ablauf

Die Frage in Teilfragen zerlegen

Das von der Mehrheit der Schüler ausgewählte Thema wird an der Tafel notiert, zum Beispiel:

Soll an unserer Schule eine einheitliche Schulkleidung eingeführt werden?

Die Streitfrage lässt unterschiedliche Interpretationen zu. Welche Begriffe oder Formulierungen besonders klärungsbedürftig sind, wird deutlich, wenn die Frage in Teilfragen zerlegt wird, zum Beispiel:

Was heißt ‚an unserer Schule'?

Was heißt ‚einheitlich'?

Was heißt ‚Schulkleidung'?

Was heißt ‚einführen'?

Schlüsselbegriffe klären

Die Schülerinnen und Schüler sollen nun auf jede Teilfrage eine Antwort finden. Hierzu können sie frei wählen, ob sie ein Beispiel geben, eine Umschreibung oder definitorische Erläuterung formulieren oder nur festhalten, welches Verständnis sie ausschließen möchten, zum Beispiel:

‚An unserer Schule' heißt, dass alle Schüler und auch alle Lehrer betroffen sind.

‚Einheitlich' bedeutet nicht, dass alle in Uniformen zur Schule kommen sollen.

Unter ‚Schulkleidung' verstehen wir Jeans, Polohemd und Sweatshirt. Welche Schuhe, Jacke und Mütze man trägt, ist nicht festgelegt.

‚Einführen' heißt: Die Vertreter der Schüler, Lehrer und Eltern einigen sich, wie die Schulkleidung aussehen soll, und nehmen diese Einigung in die Schulordnung auf.

Die Klärung der Begrifflichkeit führt zu einem genaueren Verständnis der in der Streitfrage angesprochenen Maßnahme. Sie bildet einen einfachen und grundlegenden Schritt bei der Vorbereitung einer Debatte.

Übung: Themenfindung in wachsenden Gruppen

Diese Übung zur Themenfindung bietet den Schülern die Möglichkeit, gemeinsam Debattenfragen aus eigenen inhaltlichen Anliegen zu entwickeln.

15 Minuten + 10 Minuten für die Vorstellung der Ergebnisse

Karteikarten, Magnete oder Klebstreifen, Papierbogen in Plakatgröße
Arbeitsblatt „Themenfindung“ (Download)

Ablauf

Erste Runde

Jeder Schüler erhält drei Karteikarten (blanko) oder das Arbeitsblatt „Themenfindung“ und überlegt sich zunächst allein, worüber er sich kürzlich mit anderen geärgert hat oder was im Interesse aller geändert werden müsste. Dafür stehen drei Minuten zur Verfügung. Dann notiert er sich drei solcher „Ärgernisse von allgemeinem Interesse“ in Stichworten, jedes Ärgernis wird auf einer Karte festgehalten, zum Beispiel:

Unterricht oft langweilig
Mitschüler werden nach Kleidung beurteilt
schlechte Busverbindungen

Zweite Runde

Danach bilden die Schülerinnen und Schüler Zweiergruppen. Jedes Paar versucht, für mindestens drei von ihren insgesamt sechs (3 + 3) Ärgernissen innerhalb von drei Minuten eine mögliche Lösung zu finden. Hierzu können die folgenden Leitfragen verwendet werden:

Worüber ärgerst du dich? Wie kann man dieses Problem lösen?

Der Lösungsansatz wird ebenfalls auf der Karteikarte notiert, zum Beispiel:

Worüber ärgerst du dich?
Unterricht oft langweilig
Wie kann man dieses Problem lösen?
Schüler bewerten die Lehrer

Worüber ärgerst du dich?
Mitschüler werden nach Kleidung beurteilt
Wie kann man dieses Problem lösen?
Schuluniformen einführen

Worüber ärgerst du dich?
schlechte Busverbindungen
Wie kann man dieses Problem lösen?
Führerschein ab 16

Dritte Runde

Anschließend bilden jeweils zwei Paare eine Vierergruppe. Jede Vierergruppe wählt aus ihren sechs Vorschlägen die drei besten Themen aus. Nach fünf Minuten präsentiert jede Vierergruppe ihre Auswahl vor der Klasse, zum Beispiel:

> *Viele von uns ärgern sich über langweiligen Unterricht. Wie könnte man das Problem lösen? Ein Ansatz ist, dass die Lehrer von den Schülern bewertet werden. Dann würden sich die Lehrer mehr Mühe geben.*
>
> *Wir haben festgestellt, dass viele Leute ihre Mitschüler vor allem nach der Kleidung beurteilen. Das ist sehr ärgerlich. Das Problem hätten wir nicht mehr, wenn es an unserer Schule eine Schuluniform geben würde.*
>
> *Außerdem ärgert es uns, dass die Busverbindungen bei uns so schlecht sind. Nach acht Uhr abends kommt man nirgendwo mehr hin und auch sonst muss man ewig auf den Bus warten. Das ist vor allem für Jugendliche, die auf den Bus angewiesen sind, sehr ärgerlich. Aus unserer Sicht wäre es am besten, wenn Jugendliche schon mit 16 den Autoführerschein machen könnten.*

Anschließend erhält jede Vierergruppe einen Applaus und hängt ihre drei Karten für alle sichtbar an die Tafel. Dann stellt die nächste Vierergruppe ihre Themen vor und hängt ihre Karten auf. Ähnliche oder gleichlautende Themenvorschläge werden nebeneinander gehängt.

Streitfragen formulieren

Wenn alle Gruppen ihre Themen vorgestellt haben, überlegt die Klasse gemeinsam, wie man sie als Streitfragen, die mit ‚Soll' beginnen, formulieren könnte. Die Soll-Fragen werden auf einen Papierbogen in Plakatgröße notiert, zum Beispiel:

> *Sollen Lehrer von ihren Schülern bewertet werden?*
>
> *Soll an unserer Schule eine Schuluniform eingeführt werden?*
>
> *Soll man den Pkw-Führerschein schon mit 16 Jahren erwerben dürfen?*

Streitfragen auswählen

Nun kann die Klasse per Handzeichen abstimmen, über welche beiden Streitfragen zuerst debattiert werden soll. Die übrigen Streitfragen werden als Themensammlung („Themenspeicher") aufbewahrt. In den Themenspeicher können auch die anderen, aussortierten Themen aufgenommen werden.

Übung: Mikrodebatte

Die Mikrodebatte ist eine Debatte nach Regeln von Jugend debattiert. Sie ist jedoch auf ein Minimum an Struktur reduziert und kann innerhalb von 4 bis 6 Minuten vollständig durchgeführt werden.

15 Minuten

Karteikarten, Stoppuhr, Glocke (alternativ: Löffel und Glas oder Ähnliches)

Debattieren lernen, S. 6–9

Ablauf

Zu Beginn wird die Form der Mikrodebatte an der Tafel eingeführt. Den Ausgangspunkt kann dabei eine Bestimmung des Begriffs ‚Debatte' bilden: Eine Debatte ist ein Gespräch nach festen Regeln, in dem eine Entscheidungsfrage beantwortet werden soll. Die Beteiligten tragen Gründe vor, die für oder gegen die Maßnahme sprechen, nach der gefragt ist. Eine Mikrodebatte reduziert die Form der Debatte auf ihr Minimum. Zwei Redner sprechen sich für, zwei gegen die Maßnahme aus. Jeder kommt mehrmals zu Wort. Eine Mikrodebatte hat drei Teile:

- **Eröffnungsrede (3 Sätze)**
- **Freie Aussprache (3 Minuten)**
- **Schlussrede (3 Sätze)**

Für Eröffnungs- und Schlussrede ist die Struktur festgelegt: Die Reden beginnen mit einer Frage und enden mit der Antwort auf diese Frage. Die Antwort wird durch einen Grund vorbereitet.

Struktur der Eröffnungsrede	Struktur der Schlussrede
Frage *Soll …?*	**Frage** *Wir haben uns gefragt: Soll …?*
Grund *Dafür / Dagegen spricht …*	**Grund** *Der wichtigste Grund war für mich …*
Antwort *Deshalb soll …*	**Antwort** *Deshalb soll … (nicht) …*

Für die Beiträge in der Freien Aussprache ist die Struktur nicht vorgegeben, sie sollten nur möglichst kurz sein, damit jeder innerhalb der 3 Minuten zu Wort kommt.

Die Schülerinnen und Schüler bilden Vierergruppen. Die Mikrodebatten werden parallel und von allen Schülern zum selben Thema geführt. Die Schüler erhalten einige Minuten Zeit, sich darüber zu verständigen, wer die Pro-Seite und wer die Contra-Seite übernimmt, und sich kurz mit ihrem Partner darüber auszutauschen, welche Gründe für die eigene Position sprechen und mit welchen Einwänden zu rechnen ist.

Die Debattanten setzen sich so zusammen, dass die beiden Pro-Redner auf der vom Zuschauer aus gesehen linken Seite sitzen, die beiden Contra-Redner auf der rechten Seite. Der erste Redner (Pro 1) sitzt links außen, der letzte Redner (Contra 2) rechts außen, Pro- und Contra-Reden wechseln sich in der Eröffnungs- und in der Schlussrunde ab, so dass sich folgende Reihenfolge ergibt: Pro 1, Contra 1, Pro 2, Contra 2.

Wenn alle Vierergruppen bereit sind, können die Debattanten mit den Eröffnungsreden beginnen. Das Zeichen für den gemeinsamen Einstieg ist die von einem einfachen Glockenschlag begleitete Formulierung:

Die Debatte ist eröffnet.

Sobald die meisten Gruppen in die Freie Aussprache übergegangen sind, wird die Zeit gemessen. Nach drei Minuten läutet die Glocke die Schlussrunde ein. Dies kann mit einem Hinweis auf die Reihenfolge der Beiträge verbunden werden:

Schlussrunde. Pro 1 beginnt.

Nach der Schlussrunde erhalten die Schülerinnen und Schüler eine Minute Zeit, sich über die Debatte auszutauschen.

Beispiel: Eröffnungsrunde (Mikrodebatte)

Pro 1 — ■ *Soll an unserer Schule eine einheitliche Schulkleidung eingeführt werden? Dafür spricht, dass dann niemand mehr Angst haben muss, wegen seiner Kleidung gehänselt zu werden. Deshalb soll an unserer Schule eine einheitliche Schulkleidung eingeführt werden.*

Contra 1 — ■ *Soll an unserer Schule eine einheitliche Schulkleidung eingeführt werden? Dagegen spricht, dass viele Schüler sich nicht vorschreiben lassen möchten, was sie anziehen sollen. Deshalb bin ich dagegen, dass an unserer Schule eine einheitliche Schulkleidung eingeführt wird.*

Pro 2 — ■ *Wir stellen uns die Frage, ob an unserer Schule eine einheitliche Schulkleidung eingeführt werden soll. Dafür spricht, dass wir uns dann alle als Teil einer Gemeinschaft fühlen und nach außen darstellen würden. Deshalb bin ich für die Einführung einer einheitlichen Schulkleidung.*

Contra 2 — ■ *Soll an unserer Schule eine einheitliche Schulkleidung eingeführt werden? Dagegen spricht, dass wir uns damit von anderen Schulen abgrenzen und eingebildet wirken würden. Deshalb soll an unserer Schule keine einheitliche Schulkleidung eingeführt werden.*

Freie Aussprache (Mikrodebatte)

Pro 1 — ■ *Ich finde nicht, dass man eingebildet wirkt, wenn man eine einheitliche Kleidung trägt. In Sportvereinen ist das doch auch kein Problem.*

Contra 2 — ■ *Sportvereine besucht man freiwillig, die Schule nicht. Ich möchte selbst entscheiden, was ich morgens anziehe.*

Pro 2 — ■ *Die Schulkleidung kann doch so gestaltet werden, dass man die Auswahl zwischen verschiedenen Kleidungsstücken hat und sie mit eigenen Sachen kombinieren kann.*

Contra 1 — ■ *Dann ist es aber nicht mehr besonders einheitlich. Und wenn es einheitlich geregelt sein soll, kann man nicht mehr frei entscheiden.*

Pro 1 — ■ *Wenn die Schulkleidung zum Beispiel aus einer blauen Jeans und einem schwarzen Polohemd mit dem Schul-Logo besteht, sieht das gut aus und niemand muss sich schämen, dass er keine Markenkleidung trägt.*

Contra 1 — ■ *Ich bin noch nie dafür gehänselt worden, dass ich keine Markensachen anhabe. Ich finde Logos auf Hemden immer peinlich, ob das nun ein Polospieler, ein Krokodil oder unser Schulwappen ist.*

Pro 2 — ■ *Das ist doch ein Unterschied: Hemden mit Markenzeichen ziehen sich die Leute nur an, weil sie von der Werbung beeinflusst sind. Das Schul-Logo zeigt, zu welcher Gemeinschaft wir gehören.*

Contra 2 — ■ *Kleidung ist ein sehr oberflächliches Mittel, um so etwas zu zeigen. Wir sollten uns lieber darum kümmern, dass in unserer Schule alle höflich und freundlich miteinander umgehen.*

Schlussrunde (Mikrodebatte)

Pro 1 — ■ *Wir haben uns gefragt: Soll an unserer Schule eine einheitliche Schulkleidung eingeführt werden? Der wichtigste Grund war für mich, dass der Stress mit den Markenklamotten dann ein Ende hätte. Deshalb bin ich dafür, dass an unserer Schule einheitliche Schulkleidung eingeführt wird.*

Contra 1 — ■ *Soll an unserer Schule einheitliche Schulkleidung eingeführt werden? Für mich ist der wichtigste Grund dagegen, dass wir dann nicht mehr frei entscheiden könnten, wie wir aussehen möchten. Deshalb soll an unserer Schule keine einheitliche Schulkleidung eingeführt werden.*

Pro 2 — ■ *In unserer Debatte ging es um einheitliche Schulkleidung. Dafür spricht für mich vor allem, dass wir dann als Schulgemeinschaft auftreten würden. Deshalb soll an unserer Schule eine einheitliche Schulkleidung eingeführt werden.*

Contra 2 — ■ *Wir haben über die Frage gesprochen, ob eine einheitliche Schulkleidung eingeführt werden soll. Der wichtigste Grund dagegen ist für mich, dass wir uns damit von anderen abgrenzen, statt uns um die wirklichen Probleme zu kümmern. Deshalb bin ich gegen einheitliche Schulkleidung an unserer Schule.*

Mikrodebatte, Trainingsdebatte, Wettbewerbsdebatte

Eine Mikrodebatte enthält alle Elemente einer Debatte im Format von Jugend debattiert: eine politische Streitfrage als Thema, zwei Redner sprechen sich für, zwei gegen die Maßnahme oder Regelung aus, die Reihenfolge der Eröffnungs- und Schlussreden ist festgelegt, die Freie Aussprache unterliegt keiner Regelung, Zeitzeichen können gegeben werden, einen Gesprächsleiter aber gibt es nicht.

Die stark reduzierte Form der Mikrodebatte eignet sich besonders gut, um alle Schülerinnen und Schüler parallel debattieren zu lassen. Die zunächst auf drei Sätze beschränkte Struktur der Eröffnungs- und Schlussreden kann im Verlauf der Unterrichtseinheit entfaltet werden, sobald die Schülerinnen und Schüler Redestrukturen mit weiteren Gliederungsschritten erarbeitet haben.

Im Wettbewerb Jugend debattiert bleibt die Struktur der Reden dem Redner überlassen.
Für die Eröffnungs- und die Schlussrede steht jeweils eine bestimmte Redezeit zur Verfügung, die frei eingeteilt werden kann. Zu Trainingszwecken können die Zeiten in der Eröffnungsrunde und der Freien Aussprache reduziert werden.

Übersicht	Eröffnungsrede	Freie Aussprache	Schlussrede	Gesamtdauer
Mikrodebatte (einfache Struktur)	3 Sätze	3 Min.	3 Sätze	**6 Min.**
Mikrodebatte (entfaltete Struktur)	6 Sätze	5 Min.	5 Sätze	**10 Min.**
Trainingsdebatte	1,5 Min.	8 Min.	1 Min.	**18 Min.**
Wettbewerbsdebatte	2 Min.	12 Min.	1 Min.	**24 Min.**

Kapitel 2 Position beziehen

Position beziehen: Lernziele

Die Schülerinnen und Schüler sollen ...

verstehen, dass das Verhältnis von Frage und Antwort den Rahmen jeder Rede bildet,

üben, eine strukturierte Rede zu halten, die mit einer eindeutigen Antwort abschließt,

erkennen, dass die Frage an die Interessen der Hörer anknüpfen muss,

lernen, aus der Streitfrage einen konkreten Vorschlag zu entwickeln und diesen zu begründen,

üben, in der Eröffnungsrunde einer Debatte Position zu beziehen.

Übung: Wegbeschreibung

Die Übung „Wegbeschreibung" schult die Fähigkeit, eine strukturierte Rede innerhalb einer vorgegebenen Zeit zu halten. Anhand eines einfachen Themas kann trainiert werden, eine Rede bündig abzuschließen.

5 Minuten

Stoppuhr, Glocke

Ablauf

Rede mit Zielsatz

Die Schülerinnen und Schüler sollen eine Rede halten, die sich gedanklich gut mitvollziehen lässt und einen klaren Abschluss hat. Das Thema der Rede bildet die Frage:

Wie bin ich hierhergekommen?

Diese Frage wird an der Tafel notiert und kurz erläutert. Über welchen Zeitabschnitt sie reden wollen, ist den Schülern freigestellt. Es ist möglich, darüber zu berichten, wie man den Weg zur Schule zurückgelegt hat, mit dem Klingeln des Weckers zu beginnen oder noch weiter auszuholen. Das Ende der Rede ist ebenfalls vorgegeben. Der letzte Satz lautet:

So bin ich hierhergekommen.

Dieser Satz ist gleichsam das Ziel der Rede. Er wird daher als ‚Zielsatz' bezeichnet.

Die Schülerinnen und Schüler bilden nun Paare. Um festzulegen, wer beginnt, nennt jeder seinem Gegenüber das Geburtsdatum. Die jeweils Älteren halten die erste Rede, die jeweils Jüngeren sind in der zweiten Runde an der Reihe.

Zeitzeichen

Die Redezeit ist auf eine Minute begrenzt. Vor Beginn werden die Zeitzeichen erklärt: Alle Redner beginnen gemeinsam mit einem Glockenschlag. 15 Sekunden vor Ende der Redezeit gibt die Glocke ein leises Warnzeichen. Wenn die Minute vorüber ist, erklingt laut ein weiteres Glockenzeichen. Wer den Zielsatz dann noch nicht erreicht hat, darf einige Sekunden überziehen. Wer bereits vor dem Ende der Redezeit am ‚Ziel' angekommen ist, kann seine Rede auch schon früher mit dem Zielsatz abschließen.

Sobald alle Redner und Zuhörer bereit sind, wird das erste Zeitzeichen gegeben. Wenn die Reden beendet sind, können die Zuhörer Nachfragen stellen, falls ihnen etwas unklar geblieben ist. Danach wechseln die Rollen. Nun halten die Zuhörer eine Rede nach demselben Muster. Nach der zweiten Runde wird im Unterrichtsgespräch ausgewertet, wie es sich ausgewirkt hat, dass der letzte Satz vorgegeben war.

Übung: Zum Punkt kommen

Die Übung „Zum Punkt kommen" schult die Fähigkeit, nach einer einfachen Strukturvorgabe frei zu sprechen. Zugleich wird die Aufmerksamkeit auf den die Rede abschließenden Zielsatz gelenkt.

15 Minuten

Karteikarten, Glocke

Debattieren lernen, S. 12 f.

Ablauf

Die Schülerinnen und Schüler suchen sich aus dem Themenspeicher eine Streitfrage, zu der sie eine Eröffnungsrede (Pro) halten wollen. Die Rede soll vier Elemente enthalten:

- **Einleitung** „Jeder weiß ..."
- **Frage** „Soll ...?"
- **Gründe** „Dafür spricht ..."
- **Antwort** „Deshalb soll ..."

Diese Struktur wird an der Tafel vorgestellt. Besonders soll darauf geachtet werden, dass die Rede mit der Antwort auf die Frage abschließt. Die Schüler erhalten drei Minuten Vorbereitungszeit, um zu jedem Redeteil einige Stichpunkte auf einer Karteikarte zu notieren. Die Schüler bilden nun Paare. Sobald alle bereit sind und sich verständigt haben, wer mit dem Vortrag der Rede beginnt, wird der gemeinsame Beginn mit einem Glockenzeichen markiert.

Beispiel

Jeder weiß, dass in den letzten Jahren der Alkoholmissbrauch unter Jugendlichen zugenommen hat.

Daraus ergibt sich die Frage: Soll man Alkohol erst ab 18 Jahren trinken dürfen? Dafür spricht, dass viele Jugendliche nicht abschätzen können, welche Folgen es hat, viel Alkohol zu trinken. In der Werbung wird es ja immer so dargestellt, als würde ohne Bier, Wein oder Alkopops keine Stimmung aufkommen.

Für ein Verbot spricht außerdem, dass Jugendliche sich in einer Phase des Wachstums und der Entwicklung befinden, in der es besonders schädlich ist, Alkohol zu trinken. Vor dieser Gefahr müssen die Jugendlichen geschützt werden.

Deshalb soll man Alkohol erst ab 18 Jahren trinken dürfen.

Im Anschluss gibt der Zuhörer dem Redner eine kurze Rückmeldung. Dabei orientiert er sich an folgenden Leitfragen:

Leitfragen für die Rückmeldung

Was hat mir gefallen?
Welchen Tipp möchte ich dir noch geben?

Beispiel

An deiner Rede hat mir gut gefallen, dass du zwei gute Gründe genannt hast und am Schluss deinen Standpunkt klar formuliert hast. Deine Rede war ziemlich kurz. Mein Tipp lautet daher: Lass dir ruhig etwas mehr Zeit. Du könntest noch ein Beispiel geben.

Nun wechseln die Rollen. Der Schüler, der im ersten Durchgang die Aufgabe des Zuhörers übernommen hat, ist nun an der Reihe, seine Rede vorzutragen. Auch an diese Rede schließt sich eine Rückmeldung an.

Um zu üben, auch vor Gruppen frei zu sprechen, setzen sich die Schüler jeweils zu sechst in einem Kreis zusammen. Nacheinander steht jeweils ein Schüler auf, hält seine Rede und bekommt Applaus von den Zuhörern.

Übung: Vorschlagsgestaltung mit dem Fragenfächer

Debattenfragen können unterschiedlich aufgefasst werden. Der ‚Fragenfächer' erlaubt es, gezielt nach möglichen und sinnvollen Antworten zu suchen und damit eine sachbezogene Debatte vorzubereiten.

22 Minuten

Karteikarten

Debattieren lernen, S. 13
Arbeitsblatt „Fragenfächer" (Download)

Ablauf

Der Fragenfächer

Je genauer geklärt ist, worum es in der Streitfrage geht, desto einfacher ist es, eine Debatte zu diesem Thema zu führen. Eine gute Möglichkeit, ein Thema systematisch zu bearbeiten, besteht darin, zur Streitfrage Unterfragen zu bilden.

Das Verhältnis von der Streitfrage zu den Unterfragen lässt sich mit dem an der Tafel festgehaltenen Bild eines von den klassischen W-Fragen gebildeten „Fächers" illustrieren:

Wenn allgemein nach einer Maßnahme gefragt wird, bleibt zunächst unbestimmt, wer handelt, wer betroffen ist, was genau verändert werden soll, wann, wie, wo und womit die Maßnahme durchgeführt werden soll und wozu sie dienen kann. Auf jede dieser Unterfragen ist eine Vielzahl von Antworten denkbar.

Der Fragenfächer hilft dabei,

- alle Aspekte der Streitfrage zu erfassen,
- die Frage schließlich genau beantworten zu können,
- aufzuzeigen, welche Gesichtspunkte für das Thema wichtig sind
- zu veranschaulichen, welche Gründe die jeweilige Position (Pro / Contra) wirklich stützen.

Für die Arbeit mit dem Fragenfächer wird zunächst eine Streitfrage ausgewählt und in Unterfragen eingeteilt. Zu den für dieses Thema als besonders wichtig angesehenen Unterfragen werden dann an der Tafel mögliche Antworten festgehalten, zum Beispiel:

Streitfrage: Sollen Lehrer von ihren Schülern bewertet werden?

Wer soll die Lehrer bewerten?

- alle Schüler
- nur die Schüler der Sekundarstufe II
- eine von den Schülern gewählte Jury
- die Klassensprecher und Vertreter

Wann sollen sie bewertet werden?

- nach jeder Unterrichtsstunde
- einmal im Monat
- einmal im Halbjahr
- bei Bedarf

Was soll bewertet werden?

- Unterrichtsqualität
- Engagement
- Verhältnis zu den Schülern
- Menge der Hausaufgaben

Wie sollen sie bewertet werden?

- anonym
- namentlich gekennzeichnet
- mit einem Fragebogen
- über ein Web-Formular

Die Schülerinnen und Schüler bilden nun Kleingruppen und erhalten acht Minuten Zeit, um aus diesen Optionen einen Vorschlag zu entwickeln, den sie als Pro-Redner vertreten könnten. Dazu gehen sie alle Unterfragen noch einmal durch und notieren ihre Ideen in Stichworten auf Karteikarten oder dem Arbeitsblatt „Fragenfächer". Am Ende der Bearbeitungszeit stellt jede Gruppe ihren Vorschlag kurz vor, zum Beispiel:

Vorschlag A

Wir schlagen vor, dass jede Klasse einmal im Halbjahr kurze Berichte über die Lehrer schreibt. Zwei Schüler geben diese Berichte dem Vertrauenslehrer und weisen ihn darauf hin, wenn ein Lehrer ungerecht benotet oder zu viele Hausaufgaben aufgibt. Der Vertrauenslehrer setzt sich dann mit dem Lehrer zusammen und überlegt, wie man das ändern könnte. Wenn das nichts bringt, können die Schüler sich an die Schulleitung wenden.

Vorschlag B

Unser Vorschlag lautet: Einmal im Monat bekommen die Schüler ab Klasse 7 einen Fragebogen, auf dem sie mit Schulnoten bewerten können, wie fair ein Lehrer ist, wie gut er erklären kann und wie interessant der Unterricht ist. Die Bögen werden von einem unabhängigen Gremium ausgewertet. Besonders gute Lehrer werden öffentlich ausgezeichnet.

Übung: Eröffnungsrede mit Erläuterung des Vorschlags

Im Anschluss an die Arbeit mit dem Fragenfächer können die Ergebnisse nun in die Struktur der Eröffnungsrede integriert werden. Dabei wird deutlich, welche Aufgabe der erste Redner in einer Debatte hat.

12 Minuten

Karteikarten, Stoppuhr, Glocke

Debattieren lernen, S. 13
Arbeitsblatt „Fragenfächer" (Download)

Ablauf

Die Schülerinnen und Schüler haben nun die Aufgabe, eine Rede vorzubereiten, die als neues Element den ‚Vorschlag' enthält. Mit Bezug auf die bereits eingeführte Redestruktur Einleitung – Frage – Gründe – Antwort wird gefragt:

An welcher Stelle einer Rede kann der Vorschlag erläutert werden?

Diese Überlegung erlaubt es, die Funktion der Redeteile genauer zu bestimmen: Die Einleitung weckt das Interesse des Zuhörers für das Thema, indem sie, anknüpfend an sein Vorwissen, auf ein Problem von allgemeiner Bedeutung hinweist. Der als Frage formulierte Redeteil beschreibt eine mögliche Veränderung der Situation. Als Gründe, sich für oder gegen diese Maßnahme zu entscheiden, kommen die im nächsten Redeteil benannten Zusammenhänge zur Sprache. Aus den Gründen, die für den Redner den Ausschlag geben, folgt die am Ende gegebene Antwort auf die Streitfrage.

In der Erläuterung des Vorschlags führt der Redner genauer aus, wie er die Streitfrage verstanden hat. Der zur Darstellung des Vorschlags verwendete Redeteil sollte daher unmittelbar an die Frage anschließen:

- **Einleitung** „Jeder weiß …"
- **Frage** „Soll …?"
- **Vorschlag** „Wir schlagen vor, …"
- **Grund** „Dafür spricht …"
- **Antwort** „Deshalb soll …"

Den Vorschlag genau zu erläutern ist die Aufgabe des ersten Redners (Pro 1) in einer Debatte. Seine Rede folgt dieser Redestruktur. Wie jede komplexere Redestruktur ist sie so einzurichten, dass ihre Ausformulierung zum Redner und seinen Hörern passt.

Die Schülerinnen und Schüler bilden nun Paare und verständigen sich kurz darüber, wer die Rolle des Pro-Redners übernimmt und wer sich auf die Rolle des ‚kritischen Zuhörers' vorbereitet. Dafür erhalten sie zwei Minuten Zeit. Die Pro-Redner können auf Karteikarten Stichworte notieren. Die kritischen Zuhörer nutzen die Vorbereitungszeit, um Einwände zu sammeln, die man gegen die Maßnahme vorbringen kann. Wenn die Vorbereitungszeit vorüber ist, beginnen alle Pro-Redner gemeinsam. Den Anfang markiert ein Glockenzeichen.

Beispiel

Jeder weiß, dass es bessere und schlechtere Lehrer gibt. Regelmäßige Qualitätskontrollen finden an unserer Schule aber nicht statt.

Daher stellt sich die Frage: Sollen Lehrer von ihren Schülern bewertet werden?

Wir schlagen vor, dass an unserer Schule ein Zeugnis für Lehrer eingeführt wird. Die Lehrer bekommen von ihren Schülern Noten für Unterrichtsqualität, Freundlichkeit, Fairness und Engagement. Außerdem kann auf dem Zeugnis vermerkt werden, wenn ein Thema besonders viel Spaß gemacht hat oder wenn eine Klausur zu schwer war. Die Noten werden von der ganzen Klasse gemeinsam festgelegt und von den Klassensprechern überreicht.

Für diesen Vorschlag spricht, dass Probleme viel schneller erkannt und besonders gute Lehrer ausgezeichnet werden können.

Deshalb sollen Lehrer von ihren Schülern bewertet werden.

Im Anschluss an die Rede formulieren die Trainingspartner, die die Rolle des kritischen Zuhörers übernommen haben, eine kurze Bewertung des Vorschlags. Sie orientieren sich dabei an den Leitfragen:

Leitfragen

Was soll mit der Maßnahme erreicht werden?
Welche Schwierigkeiten sind mit dem Vorschlag verbunden?

Beispiel

Ihr wollt für besseren Unterricht sorgen, indem ihr die Lehrer von ihren Schülern bewerten lasst. Wenn ein Lehrer aber wirklich nicht gut erklären kann oder ungerecht benotet, wird er sich kaum ändern, nur weil er von seinen Schülern schlechte Noten bekommen hat.

Nun wechseln die Rollen. Alle Paare haben wieder zwei Minuten Vorbereitungszeit.

Übung: Einen Vorschlag bewerten

Die Übung „Einen Vorschlag bewerten" vollzieht den Schritt von der Eröffnungsrede zur Eröffnungsrunde. Trainiert wird, sich auf den Vorschlag, den der erste Redner einbringt, präzise zu beziehen.

15 Minuten

Glocke

Debattieren lernen, S. 14–17

Ablauf

Die Schülerinnen und Schüler erhalten zwei Minuten Zeit, um mit ihrem Trainingspartner zu überlegen, was für und was gegen einen Vorschlag sprechen kann. Die Ergebnisse werden an der Tafel notiert:

Was spricht für den Vorschlag?

- Er trägt zur Lösung des Problems bei.
- Er lässt sich leicht umsetzen.
- Es gibt keine bessere Lösung.
- Der Aufwand ist gerechtfertigt.

Was spricht gegen den Vorschlag?

- Das Problem wird nicht gelöst.
- Die Umsetzung ist schwierig.
- Es gibt eine bessere Lösung.
- Der Aufwand ist unverhältnismäßig.

Die Stärken und Schwächen eines Vorschlags sollen nun in Form einer kurzen Eröffnungsrunde bewertet werden. Dazu bilden jeweils zwei Paare eine Vierergruppe. Die in den vorangegangenen Übungen bearbeitete Streitfrage gibt weiterhin das Thema vor. Zwei Redner sollen sich für, zwei gegen die Maßnahme aussprechen.

Wenn alle bereit sind, erhalten sie eine kurze Anleitung zum Aufbau der Reden:

> *Der erste Pro-Redner hält eine Eröffnungsrede, in der er seinen Vorschlag erläutert. Alle anderen Redner müssen sich auf diesen Vorschlag beziehen und ihn bewerten. Jede Rednerin und jeder Redner spricht sich am Ende der Rede eindeutig für oder gegen die Maßnahme aus. Pro und Contra wechseln sich ab. Pro beginnt.*

Die Schülerinnen und Schüler bekommen fünf Minuten Zeit für die Vorbereitung. Sie verständigen sich darüber, wer die Pro- und wer die Contra-Seite vertritt. Die beiden Pro-Redner einigen sich auf einen gemeinsamen Vorschlag und darauf, wer ihn erläutert (Pro 1) und wer ihn gegen Einwände verteidigt (Pro 2). Die Contra-Redner überlegen, auf welche möglichen Schwachstellen sie besonders achten wollen, und legen fest, wer die erste und wer die zweite Contra-Rede hält. Der gemeinsame Beginn wird mit einem Glockenzeichen markiert.

Beispiel

Pro 1 — *Ob man in der Schule etwas lernt und ob es Spaß macht, sie zu besuchen, hängt von den Lehrern ab. Ob man gute oder schlechte Lehrer hat, ist Glückssache. Daher fragen wir: Sollen Lehrer von ihren Schülern bewertet werden? Wir schlagen vor, dass alle Lehrer an unserer Schule zweimal im Halbjahr einen für die ganze Schule einheitlichen Bewertungsbogen an ihre Schüler ausgeben. Die Schüler bewerten anonym, wie gut der Lehrer den Stoff vermittelt, wie interessant sein Unterricht ist und ob sie sich gerecht benotet fühlen. Außerdem können sie konkrete Beschwerden oder Wünsche eintragen. Die Bögen werden von den Klassensprechern an ein unabhängiges Gremium weitergeleitet, das sie auswertet und die Ergebnisse an die Lehrer und die Schulleitung weitergibt. Für diesen Vorschlag spricht, dass damit in unserer Schule ein Bewusstsein für Unterrichtsqualität entsteht, von dem wir alle profitieren. Deshalb sollen Lehrer von ihren Schülern bewertet werden.*

Contra 1 — *Ihr wollt etwas für besseren Unterricht an unserer Schule tun. Was ihr vorschlagt, ist aber mit riesigem Aufwand verbunden. Bei uns gibt es fast tausend Schüler, die dann viermal im Jahr alle ihre Lehrer bewerten müssten. Wie sollen denn diese unzähligen Bewertungsbögen gesichtet werden? Dafür braucht man viele Leute und viel Zeit. Ich glaube nicht, dass das funktionieren wird. Deshalb bin ich dagegen, dass Lehrer von ihren Schülern bewertet werden.*

Pro 2 — *Die Bewertungsbögen auszuwerten ist, anders als du glaubst, mit geringem Aufwand möglich. In vielen Schulen, Universitäten oder Unternehmen werden bei Evaluationen bereits Formulare eingesetzt, die man elektronisch auslesen kann. Das ist technisch kein Problem. Schüler, Lehrer und Eltern müssten sich allerdings zusammensetzen und über die Kriterien sprechen. Dadurch kommt in unserer Schule eine Diskussion über Qualität in Gang. Deshalb bin ich dafür, dass Lehrer von ihren Schülern bewertet werden.*

Contra 2 — *Aber es kann leicht passieren, dass ein Lehrer nur deshalb tolle Bewertungen erhält, weil er wenig Hausaufgaben aufgibt und gute Noten verschenkt. Oder Schüler rächen sich an Lehrern, weil sie eine schlechte Note bekommen haben. Das spricht gegen den Vorschlag: Das Verfahren führt zu unbrauchbaren Ergebnissen. Deshalb sollen Lehrer nicht von ihren Schülern bewertet werden.*

Arbeitsteilung in der Eröffnungsrunde

Die Eröffnungsrunde dient dazu, Antworten auf die Streitfrage zu geben und zu begründen. Frage und begründete Antwort bilden den Rahmen aller Eröffnungsreden. Wie ein Redner seine Rede am besten einleitet, wie er das Thema erläutert, wie viele und welche Gründe er vorträgt, hängt von mehreren Faktoren ab: vom Thema, von den Adressaten, von der Situation.

Der erste Redner hat in der Eröffnungsrunde die besondere Aufgabe, das Thema der Debatte einzuführen und zu erläutern. Diese Klärung gelingt am besten, wenn in der ersten Rede ein konkreter Vorschlag formuliert wird, zu dem die anderen Debattanten dann Position beziehen.

Der Vorschlag muss sich aus dem Wortlaut der Streitfrage entwickeln. Die Gegenredner prüfen: Was ist an dem Vorschlag dran? Welche Bedingungen müssten erfüllt sein, damit man dem Vorschlag zustimmen könnte? Beide Seiten müssen wissen: Was macht das Thema spannend? Was steckt dahinter?

Aufgabe der Contra-Redner ist nicht, einfach „dagegen zu sein", sondern, wie Warentester oder Verbraucherschützer, den Vorschlag der Pro-Seite einer genauen Prüfung zu unterziehen – im Interesse der Allgemeinheit und im Interesse derjenigen, für die sich der Vorschlag nachteilig auswirken kann.

Wenn der zweite Pro-Redner den Vorschlag des ersten Pro-Redners modifiziert, kann daraus schnell ein Alternativvorschlag werden. Einen Alternativvorschlag sollte man nur einbringen, wenn der Erstvorschlag offensichtlich untauglich ist.

Übersicht

Pro 1
- bringt den Vorschlag ein
- erläutert den Vorschlag ausführlich
- begründet den Vorschlag knapp

Contra 1
- prüft den Vorschlag ausführlich
- fordert ein, was noch fehlt
- begründet die Kritik knapp

Pro 2
- reagiert auf die Einwände
- kann den Vorschlag ergänzen
- begründet den Vorschlag ausführlich

Contra 2
- bewertet den Vorschlag knapp
- begründet die Kritik ausführlich
- gewichtet die Gründe

Kapitel 3 Aufeinander eingehen

Aufeinander eingehen: Lernziele

Die Schülerinnen und Schüler sollen ...

lernen, genau zuzuhören und auf die Beiträge des anderen einzugehen,

üben, an die Äußerungen ihres Gesprächspartners sprachlich und gedanklich anzuknüpfen,

erkennen, dass in einem Streitgespräch über viele Punkte Einigkeit besteht, auch wenn andere strittig sind,

üben, strittige Punkte durch Abwägung der vorgebrachten Gründe zu entscheiden,

trainieren, eine Freie Aussprache so zu führen, dass jeder Beitrag den Gedanken eines Vorredners aufgreift.

Übung: Runderzählung

Die Übung „Runderzählung" schult anhand eines von der gesamten Klasse gemeinsam entwickelten Textes die Fähigkeit, genau zuzuhören, an die Beiträge der Vorredner anzuknüpfen und den Zielsatz der Erzählung im Auge zu behalten.

10 Minuten

Satzvorgaben für den Anfang und den Schluss

Ablauf

Erste Runderzählung

Die Schülerinnen und Schüler stellen sich im Kreis auf. An der Tafel werden der erste und der letzte Satz einer Geschichte notiert, zum Beispiel:

Als die Tür des Aufzugs sich öffnete, war plötzlich nur noch Qualm zu sehen.

„Das hast du gut gemacht", sagte der Wachmann leise.

Nun muss reihum erzählt werden, was sich zwischen dem Anfang und dem Ende der Geschichte zugetragen hat. Der erste Schüler liest den Anfangssatz vor. Dann steuert im Uhrzeigersinn jede Schülerin und jeder Schüler reihum einen Satz bei. Die Runderzählung setzt sich so lange fort, bis jeder etwas beigetragen hat. Der Letzte im Kreis beendet die Geschichte mit dem an der Tafel notierten letzten Satz. Anschließend tauscht sich jeder Schüler mit seinem Nachbarn kurz zu folgender Leitfrage aus:

Leitfrage

Worauf muss man achten, wenn aus den einzelnen Beiträgen eine stimmige Geschichte werden soll?

Die Ergebnisse werden an der Tafel gesammelt, zum Beispiel:

Damit eine stimmige Geschichte entsteht, muss man …

… gut zuhören und dem Verlauf der Geschichte aufmerksam folgen.
… Ideen und Einfälle der Vorredner aufgreifen und weiterführen.
… den letzten Satz der Geschichte als Ziel im Blick behalten.

Zweite Runderzählung

In einem zweiten Durchgang versuchen die Schüler, die an der Tafel gesammelten Tipps besonders zu berücksichtigen. Im Anschluss tauschen sich die Schüler darüber aus, was sich gegenüber der ersten Runderzählung verändert hat.

Übung: Genau anknüpfen

Die Übung „Genau anknüpfen" hilft, eine Haltung zu entwickeln, in der aufmerksam zugehört und auf das Gesagte ausdrücklich Bezug genommen wird. Zugleich übt man, die eigene Sicht verständlich und genau zu formulieren.

20 Minuten (8 Minuten + 3 x 4 Minuten)

Stoppuhr, Glocke

Debattieren lernen, S. 20 f.

Ablauf

Die Schülerinnen und Schüler haben nun die Aufgabe, ein Gespräch zu führen, bei dem in jedem Beitrag ausdrücklich auf den vorigen Beitrag Bezug genommen werden soll. Zunächst wird die Struktur eines anknüpfenden Gesprächsbeitrags an der Tafel eingeführt:

- **Anknüpfung** „Du sagst: ..."
- **eigene Sicht** „Ich meine: ..."

Der anknüpfende Teil des Beitrags soll einen Gedanken des Vorredners aufgreifen. Erst im zweiten Schritt wird die eigene Sicht dargestellt. Der Beitrag sollte möglichst kurz sein, um dem Gesprächspartner die Möglichkeit zu geben, seinerseits daran genau anzuknüpfen.

Zunächst werden zwei Freiwillige gesucht, die bereit sind, diese Form des Gesprächs vor der Klasse auszuprobieren. Ein dritter Freiwilliger übernimmt die Aufgabe des Beobachters, der darauf achtet, dass immer angeknüpft und nicht mehr als ein neuer Gesichtspunkt pro Beitrag genannt wird. Das Gespräch kann sich um ein alltägliches Thema drehen, zu dem die beiden Gesprächspartner unterschiedliche Ansichten vertreten.

Der Beobachter kann die beiden Redner durch ein Klopfzeichen daran erinnern, die Form einzuhalten, wenn sie, ohne anzuknüpfen, direkt antworten oder ihre eigene Sicht sehr ausführlich darstellen.

Nachdem die Form in dieser Weise eingeführt wurde, bilden die Schülerinnen und Schüler Dreiergruppen. Sie sollen ein dreiminütiges Gespräch zu einer vorgegebenen Frage aus dem Themenspeicher führen. Sobald sich alle Gruppen darüber verständigt haben, wer die Pro-, wer die Contra-Seite vertritt und wer die Rolle des Beobachters übernimmt, wird der gemeinsame Beginn mit der Glocke eingeläutet. Nach drei Minuten wird das Gespräch abgeklingelt und der Beobachter gibt den Rednern eine kurze Rückmeldung. Dieser Ablauf wird zweimal wiederholt, so dass jeder Teilnehmer einmal die Beobachterrolle übernehmen kann.

Beispiel

- *Sollen öffentliche Plätze videoüberwacht werden? Dafür spricht, dass sich viele Menschen auf öffentlichen Plätzen, zum Beispiel U-Bahn-Stationen, nicht mehr sicher fühlen. Auch mir ist nicht ganz wohl, wenn ich spät abends auf den Zug warte. Deshalb bin ich für die Überwachung.*

- *Du sagst, dass sich viele Menschen auf öffentlichen Plätzen nicht mehr sicher fühlen. Ich meine: Wer wirklich jemanden überfallen will, der wird sich schon den passenden Ort dafür suchen. Die Kriminalität wird sich nur an nicht überwachte Orte verlagern. Deshalb bin ich gegen eine Überwachung.*

- *Du sagst, im Falle einer Überwachung würde sich die Kriminalität nur an nicht überwachte Orte verlagern. Ich meine, es ist für unsere Stadt schon viel erreicht, wenn man wenigstens sicher U-Bahn fahren kann.*

- *Du siehst es schon als Fortschritt an, wenn man wenigstens sicher U-Bahn fahren kann. Aber ich möchte nicht ständig von der Polizei beobachtet werden, wenn ich durch die Stadt fahre – auch nicht in der U-Bahn.*

Übung: Den Überblick behalten

Die Übung „Den Überblick behalten" trainiert die Fähigkeit, Gemeinsamkeiten und Unterschiede der vertretenen Positionen zu erkennen und zu erfassen, wo der Streitpunkt der Kontroverse liegt.

18 Minuten

Stoppuhr, Glocke, Papier A4 blanko

Debattieren lernen, S. 22 f.

Ablauf

Zur Vorbereitung auf die nächste Übung tauschen sich die Schülerinnen und Schüler mit ihren Sitznachbarn darüber aus, über welche Fragen oder Gesichtspunkte sich die Teilnehmer einer Debatte einig oder uneinig sein können. Nach drei Minuten werden die Ergebnisse an der Tafel gesammelt, zum Beispiel:

Einigkeit oder Uneinigkeit können bestehen im Hinblick auf …

… das Problem: Besteht hier ein Problem? Worin besteht das Problem?

… den Vorschlag: Ist die Maßnahme geeignet, das Problem zu lösen?

… die Bewertung: Ist die Maßnahme erforderlich? Stehen Aufwand und Nutzen in einem angemessenen Verhältnis?

Die Schülerinnen und Schüler bilden Dreiergruppen. Zwei Schüler führen ein Streitgespräch nach dem Muster der Übung „Genau anknüpfen". Der Dritte übernimmt die Aufgabe des Beobachters. Er schreibt mit, worin die Redner sich einig sind und welche Punkte sie unterschiedlich sehen.

Für diese Mitschrift verwendet der Beobachter ein Blatt Papier im Hochformat und teilt es in drei Bereiche: Das untere Drittel des Blattes ist für die Gemeinsamkeiten bestimmt, die linke Hälfte des oberen Bereichs für die Beiträge der Pro-Seite, die rechte Hälfte für die Beiträge der Contra-Seite, sofern diese Punkte von der Gesprächspartnerin oder dem Gesprächspartner unterschiedlich gesehen werden.

Als Streitfrage wird ein Thema aus dem Themenspeicher vorgegeben. Die Schülerinnen und Schüler verständigen sich kurz darüber, wer die Pro-, wer die Contra-Seite vertritt und wer die Rolle des Beobachters übernimmt. Für die Aussprache stehen drei Minuten zur Verfügung. Beginn und Ende werden mit der Glocke angezeigt.

Nun erhält der Beobachter eine kurze Bedenkzeit für seine Zusammenfassung. Für die Auswertung orientiert er sich an den Aspekten, die an der Tafel festgehalten wurden:

Leitfragen

Worin seid ihr euch einig?
Welche Punkte seht ihr unterschiedlich?

Der Beobachter kann dabei seine Mitschrift verwenden, muss aber nicht alles, was er notiert hat, vortragen. Für die Mitschrift sollte er sich das Blatt folgendermaßen einteilen:

Beispiel für die Mitschrift des Beobachters

Streitfrage: Sollen Läden sonntags öffnen dürfen?

Pro	Contra
die gegenwärtige Regelung ist schlecht für Berufstätige	*die gegenwärtige Regelung gut für die Verkäufer*
die Neuregelung wäre gut für die Kunden	*die Neuregelung wäre schlecht für die Beschäftigten der Läden*
für die Beschäftigten ist es keine besondere Belastung	*für die Beschäftigten und ihre Familien ist es eine besondere Belastung*
es entstehen neue Arbeitsplätze	*es entstehen keine neue Arbeitsplätze*

Gemeinsamkeiten

bislang hat der Sonntag eine Sonderstellung

die Neuregelung hätte Auswirkungen darauf, wie man den Sonntag verbringt

Die Übung wird dreimal durchgeführt, so dass jeder einmal jede Rolle übernehmen kann. Zu empfehlen ist, dabei dasselbe Thema zu verwenden und es fortlaufend zu vertiefen.Eine einfachere Variante der Übung besteht darin, mit jedem Rollenwechsel auch die Streitfrage zu wechseln.

Beispiel

- *Sollen Läden sonntags öffnen dürfen? Das bedeutet konkret, dass für den Sonntag die gleichen Ladenschlusszeiten gelten wie für die anderen Wochentage. Geschäfte und Kaufhäuser können dann von 8 bis 20 Uhr öffnen. Dafür spricht, dass alle, die unter der Woche keine Zeit haben, am Sonntag in Ruhe ihre Einkäufe erledigen könnten. Deshalb sollen Läden sonntags öffnen dürfen.*

- *Du schlägst vor, dass Läden sonntags zu denselben Zeiten öffnen dürfen wie an den anderen Tagen der Woche. Die bisherige Sonderstellung des Sonntags willst du abschaffen. Dagegen spricht, dass viele Menschen, die im Einzelhandel beschäftigt sind, dann den Sonntag nicht mit ihrer Familie verbringen können, sondern arbeiten müssen.*

- *Du wendest ein, dass die im Einzelhandel Beschäftigten dann sonntags arbeiten müssen. Es ist schon jetzt so, dass viele Berufsgruppen auch am Wochenende arbeiten müssen. Ärzte, Polizisten oder Feuerwehrleute sind davon genauso betroffen.*

- *In diesen Berufen ist das ebenfalls ein Problem für die Familien. Es lässt sich aber nicht vermeiden, weil Gesundheit und Sicherheit rund um die Uhr geschützt werden müssen. Aber bei den Ladenöffnungszeiten geht es nicht um Leben und Tod, sondern nur darum, bequemer einkaufen zu können.*

- *Du sagst, es sei nur eine Frage der Bequemlichkeit. Ich meine: Die neue Regelung führt auch dazu, dass neue Arbeitsplätze entstehen. Viele Menschen wären dankbar, wenn sie am Wochenende arbeiten könnten.*

- *Du glaubst, dass neue Arbeitsplätze entstehen werden. Das wäre schön. Ich halte es aber für unwahrscheinlich. Denn insgesamt wird sich die Nachfrage ja nicht ändern. Die Umsätze werden nur anders auf die Wochentage verteilt.*

- *Ihr wart euch einig darüber, dass der Sonntag noch eine besondere Stellung in der Woche hat. Unterschiedlicher Meinung seid ihr darüber, ob das gut ist oder schlecht. Zwei Unterschiede habe ich festgestellt: Aus der Sicht des Pro-Redners ist es ein Problem, gerade am Sonntag, wenn man eigentlich Zeit dazu hätte, nicht einkaufen zu können. Für die Contra-Seite ist das kein echtes Problem, sondern nur eine Frage der Bequemlichkeit. Contra hält die Maßnahme nicht für erforderlich. Uneinig wart ihr auch in der Bewertung des Vorschlags. Während Pro einen Nutzen darin sieht, dass Arbeitsplätze entstehen werden, hält Contra das für unwahrscheinlich.*

Übung: Gut abwägen

Die Übung „Gut abwägen" trainiert die Fähigkeit, den Streitpunkt einer Kontroverse zu erkennen und auf übergeordnete Güter, Interessen oder Werte zu beziehen, zwischen denen abgewogen werden muss.

24 Minuten (12 Minuten + 2 x 6 Minuten)

Stoppuhr, Glocke; optional: Abbildung einer Balkenwaage

Ablauf

Den Ausgangspunkt der Übung bildet die Frage, was man unter ‚Abwägen' versteht. Beim Abwiegen auf einer Balkenwaage werden zwei unterschiedliche Dinge, zum Beispiel Waren auf der einen Seite, Gewichte auf der anderen Seite, miteinander verglichen. Unter Abwägen versteht man diesen Vorgang im übertragenen Sinne, als eine gedankliche Operation, bei der unterschiedliche Güter, zum Beispiel Interessen, Werte, Rechte oder Prinzipien, zueinander ins Verhältnis gesetzt werden.

Wer zwischen zwei Seiten in einer Debatte gut abwägen will, muss genau bestimmen können, worum es in der Kontroverse geht, zwischen welchen Gütern man sich entscheiden muss und warum die eine oder die andere Seite schwerer wiegt:

- **Streitpunkt** „Wir streiten über ..."
- **Abwägung** „Wir müssen zwischen ... und ... abwägen."
- **Gewichtung** „Für mich wiegt ... hier schwerer, weil ..."

Die Schülerinnen und Schüler überlegen nun in Dreiergruppen anhand von Themen aus dem Themenspeicher: Wo könnte jeweils der Streitpunkt liegen? Zwischen welchen Gütern muss man abwägen? Womit lässt sich eine Gewichtung für die eine oder andere Seite begründen? Dazu können auch Themen gewählt werden, die in vorangegangenen Rede- oder Gesprächsübungen bereits behandelt wurden. Nach fünf Minuten präsentiert jede Gruppe ihre Ergebnisse zu einem Thema, zum Beispiel:

> *Wir haben uns das Thema ‚Sollen Läden sonntags öffnen dürfen?' aus der letzten Übung noch einmal angesehen. Der Streit dreht sich darum, ob die Sonderstellung des Sonntags abgeschafft werden soll. Dabei muss man zwischen den Interessen der Verkäufer und den Interessen der Kunden abwägen. Für die Verkäufer ist es wichtig, einen Tag in der Woche mit ihren Familien verbringen zu können, für die Kunden ist es wichtig, auch am Sonntag einkaufen zu können. Für uns wiegen die Interessen der Verkäufer hier schwerer, weil der Schutz der Familie wichtiger ist als die Konsumbedürfnisse der Kunden.*

Wenn alle Gruppen ihre Ergebnisse präsentiert haben, werden die Themen und die Seiten, zwischen denen man jeweils abwägen muss, in Stichworten an der Tafel festgehalten.

Thema	**Abwägung**
Ladenöffnung am Sonntag	*Interessen der Verkäufer – Interessen der Kunden*
einheitliche Schulkleidung	*Gemeinschaftsregeln – individuelle Freiheit*
Videoüberwachung	*Aufklärung von Straftaten – Schutz der Privatsphäre*
Führerschein ab 16	*Mobilitätsbedürfnis – Verkehrssicherheit*

Übergeordnete Gründe finden

Anhand dieser Übersicht wird nun die Frage betrachtet, welche übergeordneten Gründe dafür sprechen können, der einen oder der anderen Seite mehr Gewicht zuzumessen.

Die wichtigsten übergeordneten Gründe sind Gründe, die alle angehen: Grundbedürfnisse und Grundwerte. Grundwerte begründen Grundrechte. Für die Erfüllung von Grundbedürfnissen, Grundwerten und Grundrechten gilt: Es geht nicht alles zugleich und nicht für alle zugleich. Und oft geraten die Interessen des Einzelnen mit den Interessen der Allgemeinheit in Gegensatz.

Dabei ist es wichtig zu erkennen, dass immer wieder unterschiedliche Gewichtungen möglich sind. Wer gut abwägen will, muss die von ihm angeführten übergeordneten Gründe erläutern können und gut begründen, warum sie für ihn schwerer wiegen.

Leitfragen

Was besagt der übergeordnete Grund?
Warum wiegt dieser Grund schwerer?

Die Schülerinnen und Schüler setzen sich nun in Vierergruppen zusammen. Zwei Schüler führen ein Streitgespräch nach dem Muster der Übung „Genau anknüpfen“. Die beiden anderen haben die Aufgabe, das Gespräch genau zu beobachten und die wichtigsten Punkte zu notieren. Für die Aussprache stehen drei Minuten zur Verfügung. Beginn und Ende werden mit der Glocke angezeigt.

Nach dem Streitgespräch haben die beiden Beobachter die Aufgabe, den Streitpunkt darzustellen und eine Abwägung und Gewichtung vorzunehmen. Dafür haben sie zwei Minuten Vorbereitungszeit. In der nächsten Runde wechseln die Rollen.

Beispiel

- *Soll ein vegetarischer Tag pro Woche eingeführt werden? Damit ist gemeint, dass an einem Tag in der Woche, zum Beispiel am Freitag, in Restaurants und Kantinen kein Fleisch zubereitet werden darf. Dafür spricht, dass der ungesunde Fleischkonsum auf diese Weise deutlich reduziert werden kann. Wer sich einmal in der Woche vegetarisch ernährt, merkt auch, dass es viele leckere Gerichte gibt, in denen kein Fleisch vorkommt. Deshalb soll ein vegetarischer Tag pro Woche eingeführt werden.*

- *Du willst Restaurants und Kantinen verpflichten, an einem Tag in der Woche kein Fleisch anzubieten. Dagegen spricht, dass viele Gaststätten ihr Speisenangebot nicht so einfach umstellen können. Zum Beispiel kann eine Würstchenbude oder ein Dönerladen, der kein Fleisch zubereiten darf, an diesem Tag gleich ganz geschlossen bleiben.*

- *Du sagst, dass manche Gaststätten Schwierigkeiten haben werden, ein vegetarisches Angebot zu machen. Das sehe ich anders. Pommes frites, Schafskäse, Falafel und ähnliche Gerichte sind gute fleischlose Alternativen zu Wurst und Döner. In Großstädten wie Berlin gibt es schon jetzt sehr viele vegetarische und vegane Restaurants, die sehr beliebt sind.*

- *Du glaubst, dass vegetarische Ernährung im Trend liegt. Das mag sein. Ich meine aber, dass man niemanden dazu zwingen kann, sich auf eine bestimmte Weise zu ernähren. Wenn man Restaurantbetreiber zwingt, ihr Angebot zu ändern, greift man in ihre unternehmerische Freiheit ein und bevormundet die Kunden.*

- *Du siehst es als unzulässigen Eingriff und als Bevormundung an, einen vegetarischen Tag pro Woche einzuführen. Wir reden aber nicht über ein generelles Verbot von Fleisch, sondern über einen von sieben Tagen in der Woche. Wenn man bedenkt, welche gesundheitlichen und ökologischen Probleme der übermäßige Fleischverzehr verursacht, dann ist dieser Eingriff durchaus gerechtfertigt und sogar notwendig.*

- *Aus deiner Sicht sind die Probleme, die durch Fleischkonsum entstehen, so groß, dass du ein Verbot für angemessen hältst. Diese Sicht kann ich nicht teilen. Statt solcher Zwangsmaßnahmen sollte man lieber über die Vorteile bewusster Ernährung aufklären.*

- *Ihr streitet darüber, ob ein vegetarischer Tag pro Woche sinnvoll und gerechtfertigt ist. Dabei muss man zwischen der Freiheit zu leben, wie man möchte, und den möglichen Gefahren für Gesundheit und Umwelt abwägen. Übermäßiger Fleischgenuss kann Krankheiten auslösen. Die für ständigen Fleischgenuss erforderliche intensive Fleischproduktion belastet die Umwelt. Ein freies, genussvolles Leben ist auch ohne täglichen Fleischverzehr möglich. Darum wiegt für uns die Erhaltung von Gesundheit und Umwelt schwerer.*

Übung: Freie Aussprache mit Strukturkarten

Mit der Übung „Freie Aussprache mit Strukturkarten“ können die Schülerinnen und Schüler ohne lange Vorbereitungszeit den Verlauf und die Struktur eines kontroversen Gesprächs zu viert trainieren.

16 / 12 Minuten

Karteikarten / Strukturkarten, Stoppuhr, Glocke

Debattieren lernen, S. 24 f.
Arbeitsblatt „Strukturkarten“ (Download)

Ablauf

Die Schülerinnen und Schüler sollen zu viert ein Streitgespräch führen: Jeweils zwei Redner vertreten die Pro-Seite, zwei die Contra-Seite. Wer welche Gründe vertritt, wird mit Hilfe von ‚Strukturkarten‘ festgelegt, auf denen die Position, die Streitfrage, zwei Gründe und die Antwort auf die Streitfrage notiert sind. Die Strukturkarten können in Gruppenarbeit von den Schülerinnen und Schülern erstellt werden. Alternativ ist es auch möglich, vorbereitete Strukturkarten auszugeben.

Strukturkarten

Zu Beginn wird eine Streitfrage aus dem Themenspeicher ausgewählt. Die Schülerinnen und Schüler teilen sich nun in vier gleich große Gruppen auf. Jeder erhält eine Karteikarte, die er im Querformat vor sich auf den Tisch legt. Oben schreibt jeder die Streitfrage auf die Karte. Nun entscheidet das Los, welche Gruppe welche der vier Positionen Pro 1, Pro 2, Contra 1 und Contra 2 bearbeitet. Die entsprechende Antwort auf die Streitfrage notieren die Schüler am unteren Ende der Karteikarte. Zwischen die Frage und die Antwort zeichnen sie zwei kleine Quadrate als Platzhalter für Aspekte, die für oder gegen die Maßnahme sprechen. Nach kurzer Beratung in der Gruppe wird neben jedem Quadrat stichwortartig ein Grund notiert.

Positionen einnehmen

Die Schülerinnen und Schüler bilden nun Vierergruppen, in denen jede Position einmal vertreten ist. Die beiden Pro-Redner und die beiden Contra-Redner sitzen nebeneinander. Wenn alle Gruppen bereit sind, wird das Gespräch mit einem Glockenschlag eröffnet. Am Anfang stellt jeder Redner seine Position dar. Dazu reicht es aus, die Strukturkarte vorzulesen und dabei die stichwortartig notierten Gründe in vollständigen Sätzen zu formulieren.

Freie Aussprache

An die kurze Eröffnungsrunde schließt sich eine Aussprache zu den vorgetragenen Positionen an. Die Reihenfolge der Redner ist nicht festgelegt. Jeder Beitrag soll, nach dem Muster der Übung „Genau anknüpfen“, zunächst auf einen Vorredner Bezug nehmen und erst dann einen neuen Gesichtspunkt ins Spiel bringen. Nach acht Minuten wird die Aussprache mit einem Glockenzeichen beendet.

Beispiel: Strukturkarten für die Eröffnungsrunde

Pro 1

Soll man Alkohol erst ab 18 Jahren trinken dürfen?

- Vorschlag: alle alkoholischen Getränke für Jugendliche verbieten
- nur so kann man Alkoholmissbrauch verhindern

Deshalb soll man Alkohol erst ab 18 Jahren trinken dürfen.

Contra 1

Soll man Alkohol erst ab 18 Jahren trinken dürfen?

- Verbot lässt sich nicht kontrollieren
- heimliches Trinken ist noch gefährlicher

Deshalb soll man Alkohol nicht erst ab 18 Jahren trinken dürfen.

Pro 2

Soll man Alkohol erst ab 18 Jahren trinken dürfen?

- andere gefährliche Stoffe sind auch verboten
- Alkohol ist für Jugendliche besonders gefährlich

Deshalb soll man Alkohol erst ab 18 Jahren trinken dürfen.

Contra 2

Soll man Alkohol erst ab 18 Jahren trinken dürfen?

- durch ein Verbot wird Alkohol erst interessant
- Aufklärung über Gefahren ist besser als ein Verbot

Deshalb soll man Alkohol nicht erst ab 18 Jahren trinken dürfen.

Beispiel: Freie Aussprache

Pro 1 — *Du hast gesagt, dass man Jugendliche besser über die Gefahren des Alkohols aufklären sollte. Gegen Aufklärung und Prävention ist nichts einzuwenden. Das Problem, dass jemand zu seinem 16. Geburtstag ein paar Kästen Bier kauft und mit seinen Freunden so lange trinkt, bis keiner mehr seinen Namen fehlerfrei aussprechen kann, wirst du damit allerdings nicht lösen. Dagegen hilft nur, den Verkauf von alkoholischen Getränken an Minderjährige zu verbieten.*

Contra 1 — *Wenn du den Verkauf an Minderjährige verbietest, schicken sie ihre großen Brüder oder bitten einen Erwachsenen, für sie einzukaufen. Das sieht man bei Zigaretten oder hochprozentigen Getränken wie Wodka: Wer sie sich besorgen möchte, bekommt sie – auch wenn er unter 18 ist. Eine Altersgrenze, wie ihr sie vorschlagt, lässt sich nicht kontrollieren.*

Pro 2 — *Dass die Kontrolle eines Verbots mit Schwierigkeiten verbunden sein kann, ist sicher richtig. Das ist aber vor allem ein Problem der gegenwärtigen Regelung. Heute kann ein 16-Jähriger, der betrunken auf der Straße liegt, immer noch behaupten, er hätte nur Bier getrunken. Wenn Alkohol unter 18 strikt verboten ist, gibt es solche Grauzonen nicht mehr.*

Contra 2 — *Du meinst, dass mit eurem Vorschlag die Grenze klarer gezogen wird als bisher. Die gegenwärtige Regelung ist aber in diesem Punkt durchaus vernünftig. Auf diese Weise können Jugendliche in Gesellschaft ein Bier oder ein Glas Wein trinken und so lernen, wie man mit dem Alkohol umgeht.*

Pro 1 — *Ich kenne keinen Jugendlichen, der gepflegt ein Glas Wein mit seinen Eltern trinkt. Ich kenne aber eine Menge Leute, die am Sonntagmorgen nicht mehr wissen, wie sie überhaupt nach Hause gekommen sind. Diese Exzesse sind möglich, weil man in jeder Kneipe und an jeder Tankstelle alkoholische Getränke bekommen kann.*

Contra 2 — *Du stellst es so dar, als würden Jugendliche sich bei jeder Gelegenheit bis zur Besinnungslosigkeit betrinken. Das sehe ich anders. Im Kino oder nach dem Sport mit seinen Freunden ein Bier zu trinken ist noch lange kein gefährlicher Exzess. Gefährlich sind die harten Sachen, und die werden heimlich getrunken, weil sie verboten sind.*

Pro 2 — ■ *Die Unterscheidung zwischen harmlosem Bier und gefährlichem Schnaps ist doch unsinnig. Jeder zwanzigste Deutsche ist alkoholabhängig. Am Anfang ist es ein Bier, dann sind es zwei oder drei, irgendwann geht ohne Alkohol gar nichts mehr. Wer Alkohol trinkt, schädigt sich und kann abhängig werden. Und davor muss man Jugendliche schützen.*

Contra 1 — ■ *Wir sind uns darüber einig, dass Alkohol nicht ungefährlich ist und dass man versuchen muss, Missbrauch zu verhindern. Ich glaube nur nicht, dass ein Verbot der richtige Weg ist. Was verboten ist, finden viele Leute nun einmal besonders interessant.*

Pro 1 — ■ *Das Argument, Verbote würden dazu führen, dass etwas erst interessant wird, finde ich nicht überzeugend. Nach dieser Logik dürfte man überhaupt nichts verbieten. Soll man eurer Meinung nach Schnaps, Medikamente oder Drogen einfach freigeben und in jedem Supermarkt verkaufen? Sicher nicht. Gefährliche Stoffe dürfen nicht frei erhältlich sein.*

Contra 2 — ■ *Du sagst, dass gefährliche Stoffe nicht frei erhältlich sein dürfen. Dem würde ich nicht widersprechen. Wir reden aber nicht über die völlige Freigabe, sondern über eine Altersgrenze. In unserer Kultur spielt Alkohol eine besondere Rolle. Wer konfirmiert ist, darf in der Kirche am Abendmahl teilnehmen und einen Schluck Messwein trinken. Wenn es etwas zu feiern gibt, wird mit Sekt angestoßen. Die gegenwärtige Regelung dient auch dazu, dass Jugendliche davon nicht ausgeschlossen werden.*

Pro 2 — ■ *Die besondere Rolle des Alkohols, auf die du hinweist, ist meiner Meinung nach dafür verantwortlich, dass die Gefahren nicht deutlich genug gesehen werden. Wenn bei jeder Gelegenheit Alkohol getrunken wird, entsteht natürlich der Eindruck, dass das einfach dazugehört. Das ist nicht nur für die Gesundheit gefährlich. Wer Alkohol getrunken hat, benebelt seinen Verstand und bekommt vieles nicht mehr mit. Das ist doch kein erstrebenswerter Zustand.*

Contra 1 — ■ *Du findest, dass man lieber nüchtern bleiben soll als Alkohol zu trinken. Das kann man so sehen. Aber letztlich muss es jeder selbst entscheiden. Wenn man Jugendlichen heute erlaubt, in gewissem Umfang Alkohol zu trinken, ist das auch ein Zeichen von Vertrauen, dass sie mit dieser Freiheit vernünftig umgehen können.*

Funktion und Struktur der Freien Aussprache

In der Freien Aussprache führen die Redner die Positionen, die sie in der Eröffnungsrunde bezogen haben, weiter aus und vergleichen sie in verschiedenen Hinsichten. Diese Phase der Debatte dient dazu, Gründe und Gegengründe schrittweise zu entfalten. Wichtig ist, sorgfältig aufeinander Bezug zu nehmen, sich kurz zu fassen und sich zu vergewissern, dass man seine Mitredner wirklich verstanden hat. Von Zeit zu Zeit ist eine Zwischenbilanz hilfreich. Am Ende sollte geklärt sein, welches Verhältnis zwischen den Positionen besteht, wo Streitpunkte liegen, wo Einigungen möglich scheinen und welche Differenzen so unauflöslich sind, dass man sie nicht ausgleichen, sondern nur entscheiden kann.

In welcher Reihenfolge oder in welchem Umfang sich die Redner an der Freien Aussprache beteiligen, ist nicht festgelegt. Auch für den inhaltlichen Verlauf gibt es keine Vorgaben. Die Klärung der Positionen gelingt jedoch am besten, wenn die Aussprache das Thema schrittweise auf unterschiedlichen Ebenen behandelt, die einander sachlich voraussetzen. Zuerst muss geklärt werden, ob die in der Streitfrage verwendeten Begriffe von allen Debattanten in der gleichen Weise verstanden werden und ob alle dieselbe Maßnahme vor Augen haben. Im zweiten Schritt kann die Aussprache sich der Frage zuwenden, ob das, was von der Pro-Seite vorgeschlagen wurde, überhaupt möglich ist. Die dritte und wichtigste Ebene ist die Bewertung. Auf diese Ebene zielt die Streitfrage als Soll-Frage. Hier ist zu klären, ob die Maßnahme Erfolg verspricht und ob sie besser ist als andere Optionen.

Übersicht

Definition

- *Ist klar, was geregelt werden soll?*

Machbarkeit

- *Ist es möglich, die Maßnahme durchzuführen?*

Bewertung

- *Trägt die Maßnahme erheblich dazu bei, das Problem zu lösen?*
- *Überwiegen die Vorteile die zu erwartenden Nachteile?*

Kapitel 4 Schlüsse ziehen

Schlüsse ziehen: Lernziele

Die Schülerinnen und Schüler sollen ...

üben, gezielt nach Gründen zu fragen und sie zutreffend darzustellen,

erkennen, dass verschiedene Gründe unterschiedliches Gewicht haben können,

lernen, welche Funktionen die Schlussrede in der Debatte hat und wie sie gegliedert sein kann,

üben, Schlussreden auf unterschiedliche Weise zu gliedern,

trainieren, den für sie wichtigsten Grund zu erfassen und entschieden zu vertreten.

Übung: Interview und Darstellung

Die Übung „Interview und Darstellung" schult die Fähigkeit, gezielt nach den Gründen für eine Position zu fragen, sie in eine sachlich angemessene Ordnung zu bringen und in eigenen Worten wiederzugeben.

8 Minuten

Karteikarten, Stoppuhr, Glocke
Arbeitsblatt „Gesprächsnotiz" (Download)

Ablauf

Interview

Die Übung wird in Partnerarbeit durchgeführt. Die Schülerinnen und Schüler bilden einen Außenkreis und einen Innenkreis, so dass sich immer zwei Personen gegenübersitzen. Nacheinander sollen nun zwei Interviews zu zwei verschiedenen Themen geführt werden. Die Themen werden untereinander als Fragen an der Tafel notiert. Gut geeignet sind Fragen, die einen Superlativ enthalten, zum Beispiel: „Was ist der beste Film, den du kennst?" oder „Welche Sportart macht dir am meisten Spaß?".

Die Schülerinnen und Schüler im Außenkreis beginnen. Sie haben zwei Minuten Zeit, ihr Gegenüber zum ersten Thema zu befragen. Die Antworten können sie in Stichworten auf einer Karteikarte festhalten. Anfang und Ende des ersten Interviews werden mit der Glocke angezeigt. Nun sind die Schülerinnen und Schüler im Innenkreis an der Reihe. Sie führen mit ihrem Partner ein Interview zum zweiten Thema. Der Ablauf ist derselbe wie beim ersten Interview. Nachdem beide Interviews geführt wurden, rückt der gesamte Außenkreis im Uhrzeigersinn um eine Position weiter.

Darstellung

Die Schülerinnen und Schüler sollen nun ihrem neuen Gegenüber die Meinung des Interviewpartners darstellen, den sie in der letzten Runde befragt haben. Zur Gliederung werden an der Tafel drei Satzanfänge notiert:

Wir haben über die Frage gesprochen, …

Mein Gesprächspartner ist der Meinung, dass …

Deshalb lautet seine Antwort: …

Die Schülerinnen und Schüler aus dem Außenkreis beginnen. Sie haben eine Minute Zeit für die Darstellung. Anfang und Ende der Zeitvorgabe werden mit der Glocke angezeigt. Nach einer kurzen Pause sind die Schülerinnen und Schüler aus dem Innenkreis an der Reihe.

Übung: Zum Schluss kommen

Die Übung „Zum Schluss kommen" führt die Struktur der Schlussrede ein. Sie schult die Fähigkeit, aus einem Gespräch die wichtigsten Gründe aufzugreifen und den für die eigene Position entscheidenden Grund zu benennen.

18 Minuten (Einführung + 3 x 5 Minuten)

Stoppuhr, Glocke

Debattieren lernen, S. 28 f.
Arbeitsblatt „Gesprächsnotiz" (Download)

Ablauf

Die Schülerinnen und Schüler erhalten eine einfache Streitfrage, bei der die gefragte Maßnahme allen bekannt ist. Dann bilden sie Dreiergruppen. In jeder Gruppe übernimmt jeweils ein Schüler die Rolle des Pro- und die des Contra-Redners. Der Dritte legt sich am Anfang noch nicht fest, sondern bezieht erst am Schluss Position. Pro- und Contra-Redner führen einen Wortwechsel wie in einer Freien Aussprache. Sie legen dem Dritten dar, was für und was gegen die Maßnahme spricht. Dafür haben sie vier Minuten Zeit. Der Dritte hört genau zu und teilt nach kurzer Bedenkzeit mit, wofür er sich entschieden hat und welcher Grund dafür den Ausschlag gibt. Er bezieht sich dabei auf die Gründe, die ihm vorgetragen worden sind. Der Hauptgrund soll an letzter Stelle genannt werden. Die Rede schließt mit der Antwort auf die Streitfrage. Für die Schlussrede steht eine Redezeit von einer Minute zur Verfügung. Beginn und Ende werden mit der Glocke markiert.

Die Schlussrede hat folgende Struktur:

- **Frage** „Wir haben uns gefragt: Soll …?"
- **Gründe** „Dafür spricht … .", „Dagegen spricht … ."
- **Hauptgrund** „Entscheidend ist … ."
- **Antwort** „Deshalb sage ich: … ."

Anschließend wechseln die Rollen, bis jeder eine Schlussrede gehalten hat. Dabei soll in jedem Durchgang eine andere Streitfrage bearbeitet werden.

Die Aufgabe des Dritten, aus dem Gesagten einen Schluss zu ziehen, entspricht der Aufgabe aller Redner in der Schlussrunde einer Debatte. Zugleich erhalten die beiden Redner durch den Dritten eine inhaltliche Rückmeldung. Dabei muss der Dritte sich auf das beziehen, was ihm vorgetragen wird und daran ausdrücklich anknüpfen. Anders als in der Debatte muss der Dritte hier jedoch nicht auf eigene, vorangegangene Äußerungen Rücksicht nehmen.

Seine eigene Perspektive kommt zur Geltung, indem er anführt, warum ihn eine Ansicht mehr überzeugt hat als die andere.

Beispiel

Wir haben uns gefragt, ob man den Autoführerschein schon mit 16 Jahren erwerben können soll.

Dafür spricht, dass man mit dieser Regelung in anderen Ländern gute Erfahrungen gemacht hat, zum Beispiel in Amerika.

Dagegen spricht, dass viele Jugendliche mit 16 Jahren noch nicht abschätzen können, welche Gefahren mit hohen Geschwindigkeiten verbunden sind.

Entscheidend ist für mich aber, dass in unserer Gegend die öffentlichen Verkehrsmittel viel zu selten fahren. Mit einem Autoführerschein wären viele Jugendliche viel unabhängiger.

Deshalb spreche ich mich dafür aus, dass man mit 16 Jahren den Führerschein erwerben kann.

Übung: Zuspitzung

Die Übung „Zuspitzung" schult die Fähigkeit, den Inhalt eines Streitgesprächs oder Gesprächsabschnitts auf einen Streitpunkt zu fokussieren und Differenzen zu erkennen, die sich nicht auflösen lassen.

20 Minuten

Stoppuhr, Glocke

Ablauf

Zu Beginn haben die Schülerinnen und Schüler die Aufgabe, diejenige Streitfrage auszuwählen, über die in der Klasse die größte Uneinigkeit besteht. Dabei können sie Fragen aus dem Themenspeicher ‚nominieren' oder neue Vorschläge einbringen. Die Themenkandidaten werden an der Tafel festgehalten und durch ‚Meinungsbilder im Raum' getestet. Dazu wird der Klassenraum in vier Bereiche aufgeteilt, in denen sich die Schüler nach der Nennung des Themas aufstellen sollen: links = pro, rechts = contra, Tafelseite = ‚ist mir wichtig', hinten = ‚ist mir nicht wichtig'. Die Streitfrage, bei der sich die meisten Schüler in den Ecken links und rechts der Tafel positioniert haben, wird ausgewäht.

Die Schülerinnen und Schüler teilen sich in eine Pro- und eine Contra-Gruppe auf. Die Pro-Gruppe und die Contra-Gruppe werden noch einmal geteilt, so dass vier Kleingruppen entstehen. Die Kleingruppen erhalten fünf Minuten Zeit, sich auf das Streitgespräch vorzubereiten. Am Ende der Vorbereitungszeit benennt jede Gruppe einen Schüler, der ihre Position vor der gesamten Klasse vertreten soll. Die anderen Schülerinnen und Schüler bekommen die Aufgabe, dem Streitgespräch aufmerksam zu folgen. Sie müssen jederzeit in der Lage sein, eine ‚Zuspitzung' zu formulieren, die den Stand des Gesprächs zusammenfasst.

Leitfragen

Was war der wichtigste Streitpunkt?
Was ließ sich nicht auflösen?
Wie soll man sich jetzt entscheiden?

Das Streitgespräch beginnt mit einem Glockenzeichen. Nach etwa vier Minuten wird es durch ein Glockenzeichen unterbrochen. Die Beobachter haben zwei Minuten Zeit, sich in ihren Kleingruppen zu beraten. Dann trägt jede Kleingruppe ihre Zuspitzung vor.

Beispiel

Der wichtigste Streitpunkt war die Frage, wie sich regelmäßige Drogenkontrollen auf das Schulklima auswirken. Es ließ sich nicht auflösen, ob dann tatsächlich die Mehrheit der Schüler stolz darauf ist, dass wir eine drogenfreie Schule sind, oder ob Angst und Misstrauen die Atmosphäre vergiften. Wie soll man sich jetzt entscheiden? Wenn die Gefahr besteht, den Schulfrieden und das vertrauensvolle Miteinander zu zerstören, dann sprechen wir uns dagegen aus, regelmäßig Drogenkontrollen in der Schule durchzuführen.

Übung: Einordnung

Mit der Übung „Einordnung" trainieren die Schülerinnen und Schüler, einen Gesprächsverlauf auf einen größeren Zusammenhang, in dem das Gesprächsthema steht, zu beziehen.

18 Minuten (Einführung + 3 x 5 Minuten)

Stoppuhr, Glocke

Ablauf

Was es heißt, ein Thema richtig einzuordnen, wird zunächst exemplarisch erläutert. Die Schülerinnen und Schüler sammeln Begriffe, die in ‚großen Überschriften' nach dem Muster „Mensch und Technik" vorkommen könnten. Diese Begriffe werden so an der Tafel notiert, dass sie sich mit Linien verbinden lassen:

Religion *Kultur* *Wirtschaft* *Energie* *Bildung* *Gerechtigkeit* *Natur* *Mensch* *Sicherheit* *Demokratie* *Technik* *Umwelt* *Gesundheit* *Freiheit*

Nun werden zwei beliebige Begriffe durch eine Linie verbunden, zum Beispiel: Sicherheit – Freiheit, und gefragt, welche der Streitfragen aus dem Themenspeicher zu diesem Begriffspaar passen könnte, etwa: „Sollen innerstädtische ‚Brennpunkte' videoüberwacht werden?". Dahinter steht als übergeordnetes Thema zum Beispiel: „Sollen zur Verhinderung von Straftaten Grundrechte eingeschränkt werden?". Das übergeordnete Thema ist die Grundfrage, die hinter einer konkreten Streitfrage steht und zu der die konkret gestellte Streitfrage einen Anwendungsfall bildet.

Die Schülerinnen und Schüler bilden nun Dreiergruppen. Zwei Schüler wählen ein Begriffspaar und suchen eine passende Streitfrage. Der Dritte hat die Aufgabe, ihnen zuzuhören und am Ende eine ‚Einordnung' zu formulieren, die das übergeordnete Thema benennt.

Leitfragen

Welches Thema steht dahinter?
Was steht dabei auf dem Spiel?
Was folgt daraus hier und jetzt?

Das Streitgespräch wird mit einem Glockenzeichen eröffnet und nach vier Minuten beendet. Wenn der Beobachter die Einordnung vorgenommen hat, teilen ihm die beiden Gesprächspartner mit, von welchen Begriffen sie ausgegangen sind. Danach wechseln die Rollen.

Übung: Schlussrunde mit Beratung und Auswertung

Die Übung „Schlussrunde mit Beratung" schult die Fähigkeit, seine Position zu überprüfen und Gründe gegeneinander abzuwägen. Die Aufteilung in Redner und Berater erlaubt eine genaue Auswertung.

24 Minuten

Stoppuhr, Glocke

Debattieren lernen, S. 29–31
Arbeitsblatt „Gesprächsnotiz" (Download)

Ablauf

Zunächst wird die Funktion der Schlussrunde geklärt: Die Schlussrunde dient dazu, dass die Redner die in der Freien Aussprache genannten Gründe gegeneinander abwägen und erneut Position beziehen. Eine Rede in der Schlussrunde ist daher so aufgebaut, dass zunächst die als wichtig angesehenen Gründe noch einmal aufgegriffen werden. Im nächsten Schritt wird die Entscheidung auf einen ausschlaggebenden Grund gestützt und die Streitfrage abschließend beantwortet.

Struktur einer Rede in der Schlussrunde

- **Anknüpfung** „Wir haben darüber debattiert …"
- **Hauptgrund** „Entscheidend ist …"
- **Antwort** „Deshalb sage ich: …"

Vorbereitung

Am Anfang wird eine Streitfrage aus dem Themenspeicher ausgewählt. Die Schülerinnen und Schüler sollen sich nun in Partnerarbeit auf die Pro- oder die Contra-Seite vorbereiten. Dazu wird die Klasse in zwei gleich große Gruppen aufgeteilt. Welche Gruppe sich für und welche Gruppe sich gegen die Maßnahme aussprechen soll, entscheidet das Los. Jeder Schüler sucht sich in seiner Gruppe einen Partner, mit dem er das Thema gemeinsam bearbeitet. Jedes Tandem klärt, wie die Frage zu verstehen ist und welche Gründe für und gegen die Maßnahme sprechen. Dafür stehen sechs Minuten zur Verfügung. Am Ende der Vorbereitungszeit verständigen sich die Partner darüber, wer die gemeinsam erarbeitete Position nun als Redner vertreten soll und wer die Rolle des Beobachters und Beraters übernimmt.

Freie Aussprache

Je zwei Pro-Redner und zwei Contra-Redner setzen sich so zusammen, dass sie miteinander ein Gespräch führen und gleichzeitig mit ihren Partnern im Blickkontakt bleiben können. Wenn die Größe der Lerngruppe und des Raumes es zulassen, können mehrere Gruppen von jeweils vier Rednern und vier Beobachtern gebildet werden.

Wenn alle Schüler ihre Plätze eingenommen haben, wird die Streitfrage genannt und mit der Glocke ein Zeichen für den gemeinsamen Beginn gegeben.

Die Redner führen nun acht Minuten lang ein Gespräch in der Form einer Freien Aussprache. Die Trainingspartner, die die Beobachterrolle übernommen haben, notieren in Stichworten, welche Gründe im Verlauf des Gesprächs von den Pro-Rednern und von den Contra-Rednern genannt werden, zum Beispiel:

Streitfrage: Sollen Mobiltelefone in der Schule verboten werden?

Pro-Gründe

- *Mobiltelefone lenken vom Unterricht ab*
- *wer mit seinem Gerät beschäftigt ist, isoliert sich von seinen Mitschülern*
- *nur durch ein Verbot kann Missbrauch verhindert werden*
- *die Schule muss ein Zeichen gegen den Wahn der pausenlosen Erreichbarkeit setzen*

Contra-Gründe

- *im Unterricht sind Mobiltelefone bereits verboten*
- *Schüler nutzen die Geräte in den Pausen, um sich zu entspannen*
- *Schüler müssen manchmal auch in der Schule erreichbar sein*
- *die Schule sollte lieber den kritischen Umgang mit neuen Technologien fördern*

Beratung

Nach acht Minuten wird das Ende der Freien Aussprache durch ein Glockenzeichen angezeigt. Jeder Redner hat nun zwei Minuten Zeit, sich mit seinem Trainingspartner über den Verlauf der Freien Aussprache auszutauschen. Dabei konzentriert sich die Beratung auf zwei Fragen:

Leitfragen

Welche Punkte sollen in der Schlussrede noch einmal aufgegriffen werden?
Welcher Grund ist für unsere Position entscheidend?

Schlussrunde

Jeder Redner hat nun eine Minute Zeit, die aus seiner Sicht wichtigsten Punkte der Freien Aussprache noch einmal aufzugreifen, den für ihn entscheidenden Grund zu nennen und die Streitfrage abschließend zu beantworten. Ein Pro-Redner beginnt. Pro- und Contra-Redner wechseln sich ab.

Auswertung

Wenn alle vier Schlussreden gehalten wurden, setzen sich die Trainingspartner wieder zusammen. Der Beobachter fasst die Schlussrede seines Partners in Form einer kurzen inhaltlichen Rückmeldung zusammen. Dabei orientiert er sich wieder an den in der Beratung besprochenen Leitfragen.

Beispiel: Schlussrunde

Pro 1 — *Wie hat man eigentlich früher einen Schultag überlebt? Wenn man euch folgt, dann muss das ja geradezu unmöglich gewesen sein. Ihr habt gesagt, dass Jugendliche darauf angewiesen seien, soziale Netzwerke und Informationsportale jederzeit nutzen zu können. Deswegen haben wir darüber gesprochen, ob unsere Maßnahme zu weit geht oder angemessen ist. Dabei ging es um die Dringlichkeit des Problems und um die besondere Situation in der Schule. Aus unserer Sicht ist es ein großes Problem, dass Jugendliche ständig abgelenkt werden, weil auf ihrem Smartphone wieder irgendeine Push-Benachrichtigung aufpoppt oder der Vibrationsalarm signalisiert, dass ihr neuestes Selfie geliked wurde. Diese Abhängigkeit kann man durchaus mit Drogen- oder Spielsucht vergleichen. Dagegen hilft nur, glasklare Regeln zu formulieren und dafür zu sorgen, dass Jugendliche lernen, von den andauernden Versuchungen der sozialen Netzwerke unabhängig zu werden. Und es ist die Aufgabe der Schule, sie davor zu schützen, ihre gesamte Energie in der virtuellen Welt der Apps, Messages, Posts und Likes zu vergeuden. Das ist nur mit einer konsequenten Haltung möglich. Deshalb spreche ich mich für ein Verbot von Mobiltelefonen in der Schule aus.*

Contra 1 — *Wir waren uns einig, dass Mobiltelefone in der Schule Probleme mit sich bringen können und dass man die Benutzung einschränken muss. Unterschiedlich sehen wir den Punkt, an dem man eine Grenze ziehen sollte. Ihr habt eine sehr weit gehende Lösung vorgeschlagen und wollt die Schule zur ‚handyfreien Zone' erklären, zumindest für die Schüler. Das bringt einige technische Schwierigkeiten mit sich. Zum Beispiel haben wir darauf hingewiesen, dass es in unserem Schulgebäude überhaupt keine Möglichkeit gibt, Handys einzuschließen. Wenn man diese Schließfächer einbauen wollte, wäre das mit enormem Aufwand verbunden. Ob dieser Aufwand gerechtfertigt ist, sehen wir unterschiedlich. Entscheidend ist aber etwas anderes: Ein Verbot auf dem Schulgelände löst das Problem nicht, sondern verschärft es nur. Wenn jemand mit seinem neuen Smartphone prahlen will, dann macht er das dann eben auf dem Schulweg oder heimlich. Durch ein Verbot werden Mobiltelefone erst richtig interessant. Das Verbot löst keine Probleme, sondern hat den gegenteiligen Effekt. Deshalb sollen Mobiltelefone in der Schule nicht verboten werden.*

Pro 2 — *Der wichtigste Streitpunkt in unserer Debatte war das Verhältnis von persönlicher Freiheit und dem Erziehungsauftrag der Schule. Ihr habt es so dargestellt, als ob Smartphones vor allem dazu eingesetzt würden, für Referate zu recherchieren und Vokabeln zu lernen. Wenn jemand sein Handy dazu verwendet, jemanden heimlich zu filmen oder peinliche Bilder hochzuladen, dann sei das, sagt ihr, eben ein bedauerlicher Missbrauch. Das ließ sich nicht auflösen, denn das sehen wir grundsätzlich anders. Geräte, mit denen so etwas möglich ist, haben in der Schule nichts verloren. Entscheidend ist für uns, dass die Schule einen geschützten Raum bildet, in dem jede und jeder sich bewegen kann, ohne Angst davor haben zu müssen, fotografiert oder gefilmt zu werden. Mobiltelefone bedrohen den Schulfrieden und nehmen vielen Schülern die Lern-Chancen. Smartphones haben so viele Funktionen, dass man die Inhalte im Einzelnen nicht kontrollieren kann. Hier hilft nur ein generelles Verbot. Deshalb sage ich: Keine Mobiltelefone in der Schule!*

Contra 2 ■ *Wir haben über Mobiltelefone in der Schule gesprochen, aber im Grunde ging es um das größere Thema: Wie soll der Mensch mit den Möglichkeiten umgehen, die ihm die Technik bietet? Wir stimmen mit euch darin überein, dass mobile Endgeräte unser Leben und die Beziehungen zwischen den Menschen verändern. Eure pessimistische Haltung zu dieser Entwicklung teilen wir aber nicht. Die neuen Technologien eröffnen viele Möglichkeiten, an die früher nicht zu denken war. Aus unserer Sicht kann man nicht alle Veränderungen pauschal als Fehlentwicklungen verurteilen, wie ihr es tut. Wenn die Schule auf dem Stand des letzten Jahrhunderts stehenbleibt, steht letztlich die Zukunftsfähigkeit unseres Bildungssystems auf dem Spiel. Entscheidend ist nicht, welche Technologien verwendet werden, sondern wie man sie einsetzt. Die Schule hat die Aufgabe, die grundlegenden Fähigkeiten zu vermitteln, die man für den souveränen Umgang mit modernen Kommunikationsmitteln braucht. Was es heißt, etwas auf den Punkt zu bringen, kann man auch bei Twitter lernen. Die Schule darf vor neuen Entwicklungen nicht die Augen verschließen, sondern muss zeigen, wie man sie produktiv und intelligent nutzen kann. Verbote sind dazu der völlig falsche Weg. Deshalb spreche ich mich gegen ein Verbot von Mobiltelefonen in der Schule aus.*

Auswertung

zu Pro 1 ■ *In deiner Schlussrede hast du den Vorschlag, den du am Anfang der Debatte erläutert hast, noch einmal dargestellt. Gegen den Einwand der Contra-Seite, euer Vorschlag gehe zu weit, hast du gesagt, dass es sich um ein so schwerwiegendes Problem handelt, dass eine solche Maßnahme angemessen ist. Der entscheidende Grund ist für dich, dass die Schule die Jugendlichen vor der virtuellen Welt der Apps und sozialen Netzwerke schützen muss. Deshalb sprichst du dich für ein Verbot von Mobiltelefonen in der Schule aus.*

Funktionen der Schlussrunde

In der Schlussrunde beziehen die Redner erneut Position. Nachdem sie ihre Standpunkte in der Freien Aussprache entfaltet und überprüft haben, machen sie in der Schlussrunde deutlich, warum sie sich in ihren Meinungen bestätigt oder zu einer Änderung veranlasst sehen. Jeder Redner zieht sein Fazit aus der Debatte: Was war wichtig, was hat mich bestärkt, was beurteile ich jetzt anders?

Die Schlussreden fassen die Debatte zusammen. Sie greifen die wichtigsten Gedanken auf, ordnen sie und zeigen noch einmal, warum es auf sie ankommt. Ganz neue Argumente dürfen dabei nicht genannt werden. Vielmehr soll jeder Redner darstellen, worin aus seiner Sicht der Ertrag der Debatte besteht, welcher Grund für ihn den Ausschlag gibt und wie er die Streitfrage nun, im Lichte der geführten Aussprache, beantwortet.

Auf diese Weise macht die Schlussrunde noch einmal deutlich, zwischen welchen Optionen man sich entscheiden muss und welche Aspekte dabei zu berücksichtigen sind. Der gemeinsame Bezugspunkt aller Schlussreden ist die zuvor geführte Debatte. Die in der Eröffnungsrunde und der Freien Aussprache geleistete Auseinandersetzung mit der Streitfrage muss gebündelt und verdichtet werden. Dies kann auf unterschiedliche Weise geschehen: Die Schlussrede kann den Verlauf eines wichtigen Abschnitts der Debatte zusammenfassen, Gemeinsamkeiten und Unterschiede bilanzieren, die Kontroverse zuspitzen oder sie in einen größeren Zusammenhang einordnen.

Übersicht

„Protokoll"
- Worüber haben wir gesprochen?
- Um welche Punkte ging es?
- Was lässt sich festhalten?

„Bilanz"
- Worin waren wir uns einig?
- Was sehen wir unterschiedlich?
- Was gibt den Ausschlag?

„Zuspitzung"
- Was war der wichtigste Streitpunkt?
- Was ließ sich nicht auflösen?
- Wie soll man sich nun entscheiden?

„Einordnung"
- Welches Thema steht dahinter?
- Was steht dabei auf dem Spiel?
- Was folgt daraus hier und jetzt?

Kapitel 5 Voraussetzungen klären

Voraussetzungen klären: Lernziele

Die Schülerinnen und Schüler sollen ...

üben, ausgehend von den eigenen Interessen zu einem Thema Fragen zu sammeln und zu ordnen,

verstehen, dass orientierende Fragen die Voraussetzung einer gezielten Recherche bilden,

üben, in Arbeitsgruppen Informationen zu sammeln und darzustellen,

trainieren, Gründe und Einwände zu einer Streitfrage zu finden und aufeinander zu beziehen,

lernen, Ergebnisse der Vorbereitung zusammenzufassen und gemeinsam zu präsentieren.

Übung: Fragenstafette

In der Übung „Fragenstafette" sammeln die Schüler, was sie zu einem ausgewählten Thema genauer wissen wollen. Sie üben, Fragen zu stellen, an denen sich die Vorbereitung der Debatte orientieren kann.

15 Minuten

ein handlicher Ball

Debattieren lernen, S. 34

Ablauf

Aus dem Themenspeicher wird eine Streitfrage ausgewählt, die das Thema der weiteren Übungen zur Vorbereitung bilden soll, zum Beispiel: „Sollen in der Schule regelmäßig Drogenkontrollen stattfinden?". Zu zweit tauschen sich die Schüler kurz darüber aus, was sie im Horizont der Streitfrage gerne noch genauer wissen wollen, zum Beispiel:

Mich interessiert: An welchen Schulen gibt es bereits Drogenkontrollen?

Mich interessiert: Welche Testverfahren für Drogenkontrollen gibt es?

Dann bilden sie in der Klasse einen großen Kreis. Wer den Ball hat, nennt eine Frage und wirft den Ball zum Nächsten. Jede Frage wird mit den Worten „Mich interessiert..." eingeleitet. Wer keine neue Frage parat hat, wirft den Ball einfach weiter, ohne eine Frage zu nennen. Ist jeder einmal zu Wort gekommen, ist die Stafette beendet.

Übung: Fragennetz

In der Übung „Fragennetz" werden Voraussetzungen eines Themas mit Hilfe von Fragen umrissen. Dabei wird geübt, Inhalte miteinander zu verknüpfen und passende Oberbegriffe zu bilden.

30 Minuten

Karteikarten, Filzstifte, Glocke

Debattieren lernen, S. 35

Ablauf

Die Schülerinnen und Schüler bilden Gruppen zu mindestens fünf Personen und setzen sich an einen Tisch. Auf jedem Tisch wird ein Stapel Karteikarten und ein Stift bereitgelegt. Die Streitfrage aus der vorangegangenen Fragenstafette wird auf der ersten Karteikarte notiert und in die Mitte des Tisches gelegt.

Fragen sammeln

Nach einem Klingelzeichen sammeln die Gruppen fünf Minuten lang Fragen, die für eine Debatte zum ausgewählten Thema geklärt werden müssen. Dabei können sie auf die Fragen zurückgreifen, die in der Fragenstafette bereits genannt wurden. Sie können aber auch neue Fragen notieren. Jede Frage wird mit einem Filzstift auf einer Karteikarte notiert und um die Streitfrage herum auf den Tisch gelegt.

Fragen bündeln

Im nächsten Arbeitsschritt überlegen die Schüler acht Minuten lang, welche Fragen inhaltlich zusammenpassen und stellen die Karteikarten auf dem Tisch entsprechend zusammen. Jeder Stapel wird mit einer Überschrift versehen, die auf einer farbigen Karteikarte vermerkt wird. Die Überschriften bilden die Knotenpunkte des Fragennetzes.

Beispiel

Überschriften ordnen

Wenn alle Knotenpunkte des Fragennetzes mit einer Überschrift versehen worden sind, entsendet jede Arbeitsgruppe einen Vertreter mit den farbigen Überschriftenkarten nach vorn zur Tafel. Im Gespräch mit der Klasse werden die Überschriften an der Tafel geordnet. Dabei werden doppelt vorhandene Überschriften aussortiert und nah beieinanderliegende Überschriften unter einer Hauptüberschrift zusammengefasst. In einer Abstimmung per Handzeichen einigt sich die Klasse auf die fünf wichtigsten Knotenpunkte. Dann gehen die Gruppensprecher zurück in ihre Gruppen.

Übung: Antworten einholen

In der Übung „Antworten einholen" lernen die Schüler, anhand von vorher erarbeiteten Fragen genau zu recherchieren, die gesammelten Informationen einzuordnen und strukturiert vorzutragen.

90 Minuten (davon 45 Minuten Recherche)

Karteikarten, evtl. Material zum Thema

Ablauf

Expertengruppen

Für die folgende Recherche nutzen die Schülerinnen und Schüler das Fragennetz aus der vorangegangenen Übung. Zunächst werden aus den bestehenden Gruppen (‚Stammgruppen') fünf ‚Expertengruppen' gebildet. Hierzu zählt jede Stammgruppe von ‚1' bis ‚5' durch. Alle Schüler mit einer ‚1' treffen sich in der Expertengruppe (1), alle Schüler mit einer ‚2' in der Expertengruppe (2), entsprechend für ‚3', ‚4' und ‚5'.

Jede Expertengruppe ist für einen Knotenpunkt des Fragennetzes zuständig. Expertengruppe (1) übernimmt zum Beispiel die Recherche zum ersten Knotenpunkt ‚Drogen'. Wichtig: Die in den Stammgruppen gesammelten Fragekarten zu einzelnen Knotenpunken werden in die jeweiligen Expertengruppen mitgenommen.

Recherche

Nun beginnt die Recherche in den Expertengruppen zum jeweiligen Knotenpunkt. Den Ausgangspunkt bilden die Fragen, die vorab in den Stammgruppen gesammelt wurden. Zunächst notieren die Schülerinnen und Schüler die Antworten zu den Fragen, die sie bereits jetzt beantworten können. Alle anderen Fragen sind ‚Suchziele'. Um diese Fragen beantworten zu können, müssen fehlende Informationen beschafft werden. Hierfür gibt es in der Schule unterschiedliche Möglichkeiten:

Die Expertengruppen ...

... bearbeiten vorbereitete Materialien (Artikel aus Zeitungen oder Zeitschriften, Radio- oder Fernsehbeiträge).
Vorteile: aktuelle Informationen, ausführliche Beiträge, meist gut verständlich.

... nutzen den Computerraum und recherchieren im Internet.
Vorteile: sehr viele Informationen, verschiedene Sichtweisen, meist aktuell.

... nutzen die Möglichkeiten der Schulbibliothek (Lexika, Fachbücher).
Vorteile: genaue Informationen, umfassend und objektiv.

... interviewen Fachlehrer oder ältere Schüler.
Vorteile: Interviewpartner antworten direkt, können Zusammenhänge erklären, gezielte Nachfragen sind möglich.

Für die Recherche haben die Schülerinnen und Schüler 45 Minuten Zeit. Danach tauschen sich die Expertengruppen fünf Minuten über die gefundenen Antworten aus. Zur Vorbereitung auf den nachfolgenden Bericht in den Stammgruppen notiert jeder Experte für sich die wichtigsten Ergebnisse.

Expertenberichte

Danach lösen sich die Expertengruppen auf und die Experten kehren in ihre Stammgruppen zurück. Der Reihe nach berichtet jeder Experte seiner Stammgruppe, was er herausgefunden hat. Dafür hat jeder Experte zwei Minuten Redezeit. Im Anschluss an den Bericht können die übrigen Gruppenmitglieder Nachfragen stellen. Dafür steht eine Minute zur Verfügung. Dann ist der nächste Experte an der Reihe. Nach insgesamt 15 Minuten sind die Expertenberichte abgeschlossen.

Beispiel

Wir haben Informationen zum Thema Kontrollen gesammelt. Dabei hat uns vor allem interessiert, welche Arten von Drogenkontrollen es gibt und wie sie gesetzlich geregelt sind.

Die Art der Kontrolle hängt davon ab, was überprüft werden soll. Wenn es darum geht, ob jemand Drogen bei sich hat, kann man die Taschen oder die Kleidung durchsuchen oder sogar eine Leibesvisitation durchführen. Außerdem gibt es Kontrollen, die zeigen sollen, ob jemand Drogen genommen hat. Die Polizei verwendet bei Verkehrskontrollen zum Beispiel so genannte Drogenwischtests, bei denen Speichel- oder Schweißproben genommen werden, um nachzuweisen, dass jemand gerade unter Drogen steht. Mit Blut- oder Haarproben kann man Drogen noch länger nachweisen, zum Teil viele Wochen lang. Eine Blutuntersuchung im Labor ist am zuverlässigsten, aber auch mit großem Aufwand verbunden.

Wie es mit den Kontrollen gesetzlich geregelt ist, konnte man auf den Internetseiten, die wir gefunden haben, nicht so genau in Erfahrung bringen. Wir haben dann vor dem Lehrerzimmer noch Herrn Bodenheimer getroffen und ihn gefragt. Er wusste es natürlich. Es gibt in der Tat kein Gesetz, das sich direkt auf Drogenkontrollen bezieht. Nach dem Betäubungsmittelgesetz ist es verboten, Drogen herzustellen, mit ihnen zu handeln oder sie weiterzugeben. Darauf kann man sich bei Drogenkontrollen beziehen. Drogen zu nehmen ist aber nicht strafbar. Die Schule kann daher nicht ohne konkreten Verdacht Speichel- oder Urinproben verlangen. Bei minderjährigen Schülern müssen auf jeden Fall die Eltern ihre Einwilligung geben. Wenn man regelmäßige Drogenkontrollen einführen wollte, müsste das mit den Eltern bei der Anmeldung ihrer Kinder an der Schule genau vereinbart werden.

Das waren die Informationen, die wir zum Thema Kontrollen gesammelt haben.

Übung: Gründe finden

Die Übung „Gründe finden" schult die Fähigkeit, sich argumentativ mit einem Thema auseinanderzusetzen. Die Schüler üben, Gründe zu formulieren und ihnen Einwände entgegenzuhalten.

24 Minuten

Papier (DIN A3), Klebeband zum Aufhängen

Debattieren lernen, S. 36 f.
Arbeitsblatt „Pro-Contra-Liste" (Download)

Ablauf

Die Schülerinnen und Schüler werden in zwei gleich große Gruppen eingeteilt. Die ‚Pro-Gruppe' sammelt die Gründe, die für die vorgeschlagene Maßnahme sprechen, die ‚Contra-Gruppe' bearbeitet die Gründe, die gegen die Maßnahme sprechen. Innerhalb beider Gruppen arbeiten die Schüler paarweise zusammen. Jedes Paar faltet ein Blatt im Format A3 oder das Arbeitsblatt „Pro-Contra-Liste" längs in der Mitte. Die Streitfrage wird oben quer über beide Spalten geschrieben. Die linke Spalte steht für Pro, die rechte für Contra. Jedes Paar sammelt nun Gründe für die eigene Seite und notiert sie in der entsprechenden Spalte. Die andere Spalte bleibt frei. Es gilt, so viele Gründe wie möglich zu finden. Es zählen aber nur Gründe, die in ganzen Sätzen formuliert sind.

Beispiel

Sollen in der Schule regelmäßig Drogenkontrollen durchgeführt werden?

Pro	Contra
Regelmäßige Kontrollen schützen vor den Gefahren des Drogenmissbrauchs.	
Wer bei einer Kontrolle überführt wird, kann rechtzeitig therapiert werden.	
Die Möglichkeit, entdeckt zu werden, wirkt abschreckend.	

Nach acht Minuten tauschen die Pro- und die Contra-Paare ihre Listen aus. Jedes Paar hat die Aufgabe, zu den notierten Gründen Einwände zu formulieren und in der freien Spalte einzutragen. Dabei ist besonders darauf zu achten, dass die Einwände sich inhaltlich genau auf den Grund beziehen, dem sie gegenüber gestellt sind. Die Einwände werden ebenfalls in ganzen Sätzen notiert.

Beispiel

Sollen in der Schule regelmäßig Drogenkontrollen durchgeführt werden?	
Pro	**Contra**
Regelmäßige Kontrollen schützen vor den Gefahren des Drogenmissbrauchs.	*Vor Drogen kann man besser durch Prävention und Aufklärung schützen.*
Wer bei einer Kontrolle überführt wird, kann rechtzeitig therapiert werden.	*Therapie und Beratung beruhen auf Vertrauen und Freiwilligkeit.*
Die Möglichkeit, entdeckt zu werden, wirkt abschreckend.	*Wer Drogen nehmen will, wird sich von stichprobenartigen Tests nicht abschrecken lassen.*

Die Bearbeitungszeit für die zweite Spalte endet nach acht Minuten. Nun kommen die Paare wieder zusammen und hängen ihre beiden DIN A3-Bögen nebeneinander an die Wand. Gründe und Einwände sollen nun vorgestellt werden. Dabei wird immer zuerst der Grund, den die Gegenseite notiert hat, genannt und dann der Einwand formuliert und erläutert. Zur Einordnung kann eine Überschrift vorangestellt werden, unter die Grund und Einwand sich bringen lassen. Die Contra-Seite beginnt.

Beispiel

Ihr meint, dass regelmäßige Drogenkontrollen dazu beitragen, Jugendliche vor Drogen zu schützen. Dagegen wenden wir ein, dass Kontrollen zu spät ansetzen. Echter Schutz kann nur durch Prävention und Aufklärung erreicht werden.

Zum Thema Therapie sagt ihr, dass man jemanden rechtzeitig behandeln kann, wenn er bei einer Kontrolle überführt wurde. Unser Einwand lautet, dass eine Therapie auf Freiwilligkeit und Vertrauen beruht. Wenn jemand, wie ihr sagt, ‚überführt' wurde, ist die Vertrauensgrundlage für eine gemeinsame Suche nach Lösungen zerstört.

Übung: Ergebnistafel

In der Übung „Ergebnistafel" fassen die Schülerinnen und Schüler das gesammelte Material zusammen und tragen es der gesamten Lerngruppe in Form einer arbeitsteiligen Gruppenpräsentation vor.

45 Minuten

Papier (A3), Glocke, evtl. farbige Kreide

Ablauf

Zum Abschluss der Vorbereitungsübungen soll der erreichte Wissensstand in Form eines vierteiligen Tafelbildes auf einen Blick präsentiert werden. Hierzu werden per Los vier Arbeitsgruppen zu den Aspekten ‚Begrifflichkeit', ‚Gegenwärtige Regelung', ‚Pro-Gründe' und ‚Contra-Gründe' der ausgewählten Streitfrage gebildet. Als Arbeitsmaterial bekommt jede Gruppe einen Bogen A3-Papier.

Jede Arbeitsgruppe hat nun die Aufgabe, zu ihrem Themenschwerpunkt eine kurze Gruppenpräsentation von fünf Minuten Länge und ein passendes Tafelbild zu entwickeln. Jedes Gruppenmitglied soll in der Präsentation eine Aufgabe übernehmen.Die Aufgabenteilung innerhalb der Gruppe bleibt den Schülerinnen und Schülern selbst überlassen.

Gliederung

Nach einer Sichtung des bereits gesammelten Materials aus den vorangegangenen Übungen einigen sich die Arbeitsgruppen auf eine Gliederung für ihre Präsentation. Zu jeder Präsentation gehören Einleitung, Hauptteil und Schluss. Je nach Themenschwerpunkt ergeben sich unterschiedliche Gliederungsmöglichkeiten im Hauptteil. Hier können entweder drei Schlüsselbegriffe der Streitfrage, drei Hauptgesichtspunkte zur gegenwärtigen Regelung oder drei Hauptgründe der Pro- oder Contra-Position vorgestellt und kommentiert werden. Die einzelnen Gliederungspunkte werden unter den Gruppenmitgliedern aufgeteilt.

- **Einleitung** „Wir erläutern euch ..."
- **(1)** „Als erstes möchte ich euch erklären ..."
- **(2)** „Ich sage etwas zum zweiten Thema ..."
- **(3)** „Ich habe den dritten Punkt übernommen ..."
- **Schluss** „So viel zu ..."

Tafelbild
Ist die Gliederung ausgearbeitet, entwerfen die Schüler auf dem DIN A3-Bogen ein passendes Tafelbild. Das Tafelbild kann die Gliederung der Präsentation enthalten. Es kann auch kreativer gestaltet werden, zum Beispiel durch eine Visualisierung der präsentierten Inhalte. Dabei ist zu beachten, dass das Tafelbild erst während der Präsentation an der Tafel angeschrieben wird.

Präsentation
Für die Präsentation tritt die ganze Gruppe nach vorn zur Tafel. Nach einer kurzen Einleitung präsentieren die einzelnen Schüler ihren jeweiligen Redeteil. Damit die Redezeiten annähernd gleich bleiben, können die Schüler durch ein Glockenzeichen nach jeder Minute bei der Zeiteinteilung der einzelnen Beiträge unterstützt werden.

Beispiel
Nachdem ihr jetzt etwas über die Gründe gehört habt, die für Drogenkontrollen sprechen, möchten wir euch wichtige Contra-Gründe erläutern. Die Einwände gegen Drogenkontrollen kann man unter drei Überschriften zusammenfassen: Leon sagt etwas zu den Schwierigkeiten bei der Durchführung. Franziska erklärt, was die Maßnahme für die Atmosphäre in der Schule bedeutet und Erik stellt dar, welche grundsätzlichen rechtlichen Probleme es gibt. Die Überschriften haben wir an der Tafel notiert.

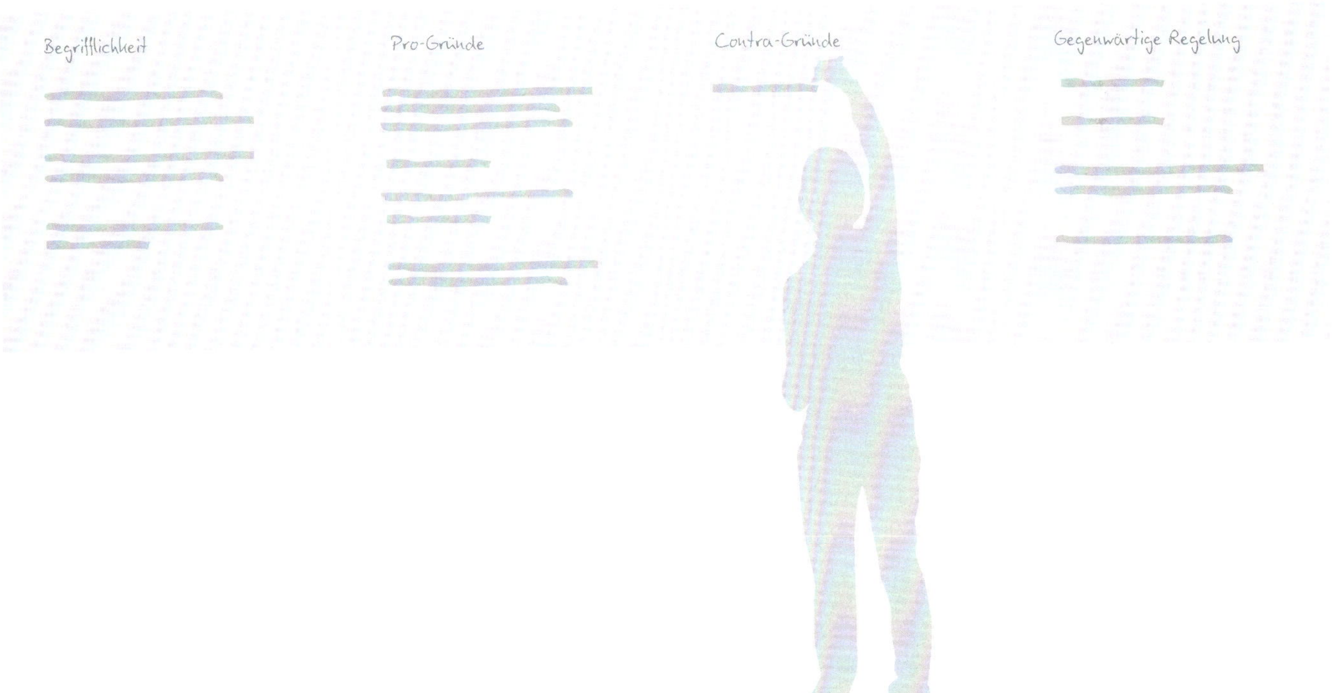

Voraussetzungen klären

Ob eine Debatte dazu beiträgt, ein Thema besser zu verstehen, hängt von der Vorbereitung ab. Je komplexer die Streitfrage ist, desto wichtiger wird es, schon vor Eintritt in die Debatte zu klären, worauf es in der Debatte besonders ankommt. Insbesondere der Inhalt der Frage, der gegenwärtige Stand der Sache und die Gründe, die für oder gegen die gefragte Maßnahme sprechen, sollten bei der Vorbereitung durchgegangen werden.

Dieser Durchgang ist ein Prozess, der sich über mehrere Stufen vollzieht. Ist geklärt, worum es in der Streitfrage geht, ergeben sich Fragen zu den Hintergründen des Themas. Gewisse Fragen sind von allgemeinem Interesse. Sie bilden die Knotenpunkte des Netzes, das auf der Suche nach Antwort ausgeworfen wird. Zum Beispiel: Wie ist die Sache gegenwärtig geregelt? Warum ist die Sache jetzt umstritten? Was steht dabei auf dem Spiel?

Erst wenn die Voraussetzungen des Themas geklärt sind, wird ein vernünftiges Urteil möglich. Die Urteilsbildung selbst erfolgt durch Prüfung der Gründe und Gegengründe. Oft jedoch ergeben sich noch neue Gesichtspunkte, die dazu führen, bereits gefundene Antworten zu ergänzen, neu zu ordnen oder neu zu formulieren. Ebenso kann sich die Einschätzung der Gründe ändern, etwa, wenn man auf unvorhergesehene Einwände stößt. Der Weg der Vorbereitung ist daher ein Weg, der mehrfach zu durchlaufen ist.

Übersicht

Die Frage klären

- Bedeutung der in der Frage verwendeten Begriffe
- Hintergründe: Wer? Was? Wann? Wie? Wo? Womit? Wozu?

Antworten finden

- gegenwärtige Regelung
- Aktualität und Relevanz des Themas
- gute Gründe pro und contra

Kapitel 6 Debattieren trainieren

Debattieren trainieren: Lernziele

Die Schülerinnen und Schüler sollen ...

üben, eine vollständige Debatte nach Regeln von Jugend debattiert im Trainingsformat zu führen,

lernen, den Verlauf einer Debatte in einer Mitschrift genau festzuhalten,

wissen, nach welchen Kriterien eine Debatte bei Jugend debattiert bewertet wird,

trainieren, zu einer Debatte eine differenzierte und konstruktive Rückmeldung zu geben.

Übung: Debatte im Goldfischglas

Die Übung „Debatte im Goldfischglas“ bietet den Rahmen für eine Debatte, die von der gesamten Lerngruppe geführt und ausgewertet wird. Die Übung eignet sich gut, um zu wiederholen, was bisher erarbeitet wurde.

12 Minuten

Glocke, ein handlicher Ball

Ablauf

Die Schülerinnen und Schüler teilen sich in zwei gleich große Gruppen auf. Die eine Gruppe übernimmt die Rolle der Redner, die andere Gruppe die Rolle der Beobachter. Die Rednergruppe bildet einen Innenkreis, um den die Beobachter sich in einem Außenkreis verteilen. Alle Schülerinnen und Schüler sitzen so, dass sie in die Mitte des Raums schauen. Dabei sollte hinter jedem Redner ein Beobachter sitzen.

Nun soll eine Debatte geführt werden, an der sich alle Schülerinnen und Schüler im Innenkreis beteiligen. Als Thema eignet sich eine einfache, auf die Situation in der Schule bezogene Frage, zum Beispiel: „Soll jeder Schultag mit einer Viertelstunde Frühsport beginnen?“ Die Redner, die auf der linken Seite des Raumes sitzen, übernehmen die Pro-Seite, die Redner, die rechts sitzen, die Contra-Seite. Die Beobachter haben die Aufgabe, den Verlauf der Debatte zu verfolgen und dabei besonders auf den Redner zu achten, der vor ihnen sitzt.

Debatte
Die Reihenfolge der Beiträge wird mit Hilfe des Balls geregelt: Wer den Ball hat, hat das Wort. Nach jedem Beitrag der einen Seite wird der Ball zu den Rednern der anderen Seite geworfen. Die vier Redner, die am Anfang eine kurze Eröffnungsrede halten, werden vor Beginn festgelegt. Wenn alle Schülerinnen und Schüler bereit sind, wird die Streitfrage noch einmal genannt und die Debatte mit einem Glockenzeichen eröffnet.

Nach acht Minuten wird der Übergang von der Freien Aussprache zur Schlussrunde mit einem Glockenzeichen markiert. Nach der Schlussrunde spenden die Beobachter den Rednern einen kräftigen Applaus.

Auswertung
Jeder Redner hat nun zwei Minuten Zeit, sich mit seinem Beobachter über die Debatte auszutauschen. Dabei orientieren sich die Beobachter an den Leitfragen:

Welche Position hast du vertreten?

Wie hast du deine Position begründet?

Regeln und Aufgaben

Zur Vorbereitung auf eine Trainingsdebatte im Format Jugend debattiert wird mit den Schülerinnen und Schülern besprochen, welche Regeln für das Format Jugend debattiert gelten. Die Regeln können vorgelesen oder in schriftlicher Form ausgegeben werden. (Im Schülerarbeitsheft *Debattieren lernen* finden sich die Regeln auf S. 40 und werden auf S. 41 erläutert.)

Die Regeln der Debatte bei Jugend debattiert

1. **[Thema]** Debattiert werden aktuelle politische Streitfragen. Jede Frage ist so zu stellen, dass sie nach einer konkreten Maßnahme fragt und nur mit ‚Ja' oder ‚Nein' beantwortet werden kann.

2. **[Teilnehmer]** Debattiert wird zu jeweils vier Personen. Zwei sprechen sich für, zwei gegen das Gefragte aus. Einen Gesprächsleiter gibt es nicht.

3. **[Ablauf]** Die Debatte gliedert sich in drei Teile: Eröffnungsrunde, Freie Aussprache und Schlussrunde. In der Eröffnungsrunde beantwortet jeder Teilnehmer die Streitfrage aus seiner Sicht. Dann wird die Aussprache in freiem Wechsel fortgesetzt. Nach Ende der Freien Aussprache beantwortet jeder Teilnehmer die Streitfrage im Lichte der geführten Debatte ein zweites Mal (Schlussrunde).

4. **[Reihenfolge der Redner]** In der Eröffnungsrunde beginnt, wer die Änderung des bestehenden Zustands wünscht. Dann wechseln Rede und Gegenrede einander ab. In der Schlussrunde sprechen die Teilnehmer in gleicher Reihenfolge wie in der Eröffnungsrunde. Dabei steht es jedem frei, seine Position gegenüber der Eröffnungsrunde zu verändern.

5. **[Schlussrunde]** In der Schlussrunde sollen nur Gründe vorgetragen werden, die bereits in der Eröffnungsrunde oder in der Freien Aussprache genannt worden sind.

6. **[Begrenzung der Redezeit]** In der Eröffnungsrunde darf jeder Teilnehmer ohne Unterbrechung zwei Minuten sprechen. Die Freie Aussprache dauert insgesamt zwölf Minuten. In der Schlussrunde ist die Redezeit jedes Teilnehmers auf eine Minute begrenzt.

7. **[Zeitwächter]** Über die Einhaltung der Redezeiten wacht ein Zeitwächter. Fünfzehn Sekunden vor Ablauf einer Redezeit wird ihr nahes Ende durch einmaliges Klingelzeichen angezeigt. Das Überschreiten der Redezeit wird durch zweimaliges Klingelzeichen angezeigt und anschließend durch dauerndes Klingelzeichen unterbunden.

Zusammenfassung und Erläuterung

Im Unterrichtsgespräch wird nun festgehalten, was allgemein für jede Debatte und was speziell für eine Debatte nach den Regeln von Jugend debattiert gilt. Die Ergebnisse werden an der Tafel festgehalten:

Debatte allgemein	Regeln bei Jugend debattiert
▪ kontroverses Thema	▪ Entscheidungsfrage
▪ Redner pro und contra	▪ 2 Pro-Redner, 2 Contra-Redner
▪ Gespräch nach Regeln	▪ drei Teile
▪ Redezeitgrenzen	▪ Eröffnungsrunde: 4 x 2 Minuten, Freie Aussprache: 12 Minuten, Schlussrunde: 4 x 1 Minute

Reihenfolge der Beiträge

Nach den Regeln von Jugend debattiert gibt es keinen Gesprächsleiter oder „Präsidenten", der das Wort erteilt. Daher müssen sich die Teilnehmer vor Beginn der Debatte darüber verständigen, in welcher Reihenfolge die Redner beider Seiten in der Eröffnungsrunde sprechen. Der erste Pro-Redner beginnt und spricht sich für die Änderung aus. Pro und Contra wechseln sich ab. In der Schlussrunde gilt dieselbe Reihenfolge wie in der Eröffnungsrunde. In der Freien Aussprache ist die Reihenfolge nicht festgelegt, aber auch hier ist der Wechsel von Pro und Contra zu empfehlen.

Trainingsdebatte

Zu Trainingszwecken können die Redezeiten so verkürzt werden, dass jedem Redner eineinhalb Minuten für die Eröffnungsrede zur Verfügung stehen und die Freie Aussprache nach acht Minuten endet. Für die einzelnen Schlussreden sollte auch in einer Trainingsdebatte nicht weniger als eine Minute Redezeit zur Verfügung stehen.

Aufgaben des Zeitwächters

Der Zeitwächter achtet darauf, dass die Debattanten die Redezeiten einhalten und läutet die Schlussrunde ein. Dazu erhält er die Glocke und die Stoppuhr. In der Eröffnungsrunde und in der Schlussrunde gibt er immer 15 Sekunden vor dem Ende der Redezeit ein leises Glockenzeichen, das den Rednerinnen und Rednern zur Orientierung dient. Am Ende der Redezeit sollte er Augenmaß walten lassen: Wenn ein Redner gerade zum letzten Satz ansetzt, muss nicht sekundengenau abgeklingelt werden.

Übung: Trainingsdebatte

Eine Trainingsdebatte ist eine Debatte nach den Regeln von Jugend debattiert mit leicht verkürzten Redezeiten. Sie wird vor Beobachtern geführt, die sich genaue Notizen machen und die Debatte im Anschluss auswerten.

28 Minuten (davon 18 Minuten Debatte)

Karteikarten, Glocke

Debattieren lernen, S. 42

Ablauf

Thema

Die Trainingsdebatte wird zu einem Thema geführt, auf das sich alle Schülerinnen und Schüler vorbereiten konnten. Dafür kann entweder das Thema verwendet werden, das die Lerngruppe gemeinsam erarbeitet hat, oder ein Thema, das den Schülerinnen und Schülern mindestens einen Tag zuvor bekannt gegeben wurde. Das Thema der Debatte wird als Streitfrage an der Tafel notiert.

Aufgabenverteilung

Zu Beginn werden die Aufgaben verteilt: Vier Schüler führen die Debatte vor der Lerngruppe. Jedem Debattanten ist ein Beobachter zugeordnet. Ein Schüler übernimmt die Rolle des Zeitwächters. Der Zeitwächter erhält die Stoppuhr und die Glocke. Die Debattanten können sich kurz beraten, wer welche Position vertreten möchte. Die Namen der Debattanten und ihre Positionen werden ebenfalls an der Tafel notiert.

Vorbereitungszeit

Die Debattanten können sich nun für zehn Minuten zurückziehen, um sich abzusprechen und ihre Unterlagen noch einmal durchzusehen. Kopien, Ausdrucke oder schriftliche Aufzeichnungen, die während der Vorbereitung auf die Debatte angefertigt wurden, dürfen in der Debatte nicht verwendet werden. Während der Debatte können Stichworte auf einem weißen Blatt notiert werden. Nach dem Ende der Vorbereitungszeit begeben sich die Debattanten an ihre Positionen: Aus der Perspektive der Zuschauer stehen oder sitzen die beiden Pro-Redner links, die beiden Contra-Redner rechts.

Beobachtungsaufgaben

Die persönlichen Beobachter haben die Aufgabe, die Beiträge ‚ihrer' Debattanten besonders aufmerksam zu verfolgen und in Stichworten festzuhalten, wie sie aufgebaut sind. Besonders treffende Formulierungen sollten im Wortlaut notiert werden. Die Beobachter nehmen gegenüber von den Debattanten Platz. Der Zeitwächter sitzt in der Mitte. Während der Debatte achtet er auf die Einhaltung der Redezeiten. In der Eröffnungs- und der Schlussrunde notiert er, wie lang die Redner jeweils gesprochen haben. Die Redezeiten nennt er den Rednern nach der Debatte auf Nachfrage.

Debatte
Wenn alle Redner und Beobachter bereit sind, wiederholt der Zeitwächter die Streitfrage und eröffnet die Debatte mit einem Glockenzeichen. Die Debattanten sollen so sprechen, dass sie von allen Zuschauern gut verstanden werden. Sie müssen aber nicht zum Publikum sprechen, sondern können sich auf ihre Mitdebattanten konzentrieren und sich jeweils demjenigen zuwenden, der gerade das Wort hat.

In der Eröffnungsrunde haben die Redner eineinhalb Minuten Redezeit, die Freie Aussprache dauert acht Minuten, in der Schlussrunde steht jedem Redner eine Redezeit von einer Minute zur Verfügung. 15 Sekunden vor dem Ende der Redezeit gibt der Zeitwächter ein orientierendes Glockenzeichen. Die Redezeiten müssen nicht voll ausgeschöpft, sollten aber auch nicht überschritten werden.

Auswertung
Nach Schluss der Debatte erhalten die Redner Applaus vom Publikum. Die Beobachter setzen sich mit dem Debattanten, auf den sie besonders geachtet haben, zusammen und besprechen mit ihm den Verlauf der Debatte. Dabei konzentrieren sie sich auf die Fragen:

Wie waren deine Beiträge aufgebaut?
Wie hast du deine Position begründet?
Was ist mir besonders in Erinnerung geblieben?

Übung: Debattenmitschrift

Die Übung „Debattenmitschrift“ schult die Fähigkeit, den Verlauf einer Debatte inhaltlich zu verfolgen und auszuwerten, wie die Debattanten die Streitfrage entfalten und ihre Antworten begründen.

18 Minuten (parallel zur Trainingsdebatte)

weißes Papier (A3)

Debattieren lernen, S. 42 f. und 46

Ablauf

Zur Auswertung der Trainingsdebatte bildet eine genaue Mitschrift eine gute Grundlage. Nachdem die Debattanten und der Zeitwächter für eine Trainingsdebatte festgelegt wurden, haben die anderen Schülerinnen und Schüler die Aufgabe, den Verlauf der Debatte in Stichworten festzuhalten.

Mitschriftbogen

Die Schülerinnen und Schüler erhalten ein Blatt Papier im Format DIN A3. Es wird im Hochformat als Mitschriftbogen verwendet, der in Spalten eingeteilt ist. Dazu falten die Schülerinnen und Schüler das Blatt zunächst einmal längs in der Mitte und wiederholen diesen Schritt mit den beiden übereinander liegenden Lagen, so dass vier Spalten entstehen. Quer über alle Spalten notieren sie die Streitfrage. Im Kopf jeder Spalte tragen sie die Positionen und die Namen der Debattanten ein, sobald diese ihre Plätze eingenommen haben.

Mitschrift

Was zu den einzelnen Rednern zu bemerken ist, soll fortlaufend so notiert werden, dass man auf einen Blick erkennt, wer welchen Grund vorgetragen und wer auf wen Bezug genommen hat. Um die Reihenfolge leichter nachvollziehen zu können, werden die Beiträge in der Freien Aussprache durchlaufend nummeriert. Hilfreich ist es, auf die Struktur der Reden, auf Ankündigungen und Gliederungswörter zu achten und mit ihrer Hilfe zu verfolgen, ob ein Beitrag einlöst, was er behauptet oder verspricht. Zusätzlich bieten sich Pfeile für Bezugnahmen und Hervorhebungen durch kleine Symbole an. Entscheidend ist, dass die Mitschrift erkennen lässt, wie die Debattanten die Streitfrage entfaltet und ihre Antworten begründet haben.

Auswertung

Im Anschluss an die Debatte werden Eröffnungsrunde, Freie Aussprache und Schlussrunde nacheinander auf der Grundlage der Debattenmitschriften im Unterrichtsgespräch ausgewertet. Die Leitfragen lauten:

Welche Positionen haben die Redner vertreten?

Wie haben die Redner ihre Positionen begründet?

Beispiel: Mitschrift der Freien Aussprache

Streitfrage: Sollen in der Schule regelmäßig Drogenkontrollen stattfinden?

Pro 1	Pro 2	Contra 1	Contra 2
(1) Probleme sofort erkennen			
		(2) Kontrollen teuer	
	(3) nur Stichproben		
			(4) rechtliches Problem
	(5) Verankerung in der Schulordnung		
(6) in vielen Schulen schon eingeführt			
			(7) wenige, nur Privatschulen
(8) Vergleich: Verkehrskontrollen			
		(9) Stichproben nicht aussagekräftig	
	(10) abschreckende Wirkung		
			(11) Atmosphäre von Angst und Misstrauen
(12) Sanktionen sind notwendig			
		(13) Schulverweis zu harte Strafe	
(14) Schulverweis nur als letztes Mittel			
			(15) Prävention viel wichtiger
	(16) schon jetzt Dauerthema im Unterricht		
		(17) zu theoretisch, mit Betroffenen reden	
(18) Betroffene durch Kontrollen ermitteln			
			(19) Kontrollen stellen alle unter Verdacht
	(20) Schule muss deutliches Zeichen setzen		
		(21) lieber positives Leitbild formulieren	

Übung: Leistungen würdigen

In der Übung „Leistungen würdigen" entwickeln die Schülerinnen und Schüler eine Checkliste und üben, die Leistungen ihrer Mitschüler vor der ganzen Klasse zu würdigen.

30 Minuten (davon 18 Minuten Debatte)

Mitschriftbögen (weißes Papier A3); Beobachtungsbögen (weißes Papier A4) oder:Arbeitsblatt „Beobachtungsbogen" (Download)

Ablauf

Die Schülerinnen und Schüler erhalten die Aufgabe, eine ‚Checkliste' zu entwickeln, auf der die wichtigsten Punkte notiert sind, an die man als Debattant denken sollte und die eine gute Leistung in der Debatte auszeichnen. Dazu wird die Klasse in drei Gruppen eingeteilt, die jeweils für einen der drei Teile der Debatte zuständig sind: Eröffnungsrunde, Freie Aussprache und Schlussrunde. Jede Gruppe soll drei Punkte benennen, die für diesen Teil der Debatte besonders wichtig sind. Die Ergebnisse werden an der Tafel festgehalten, zum Beispiel:

Eröffnungsrunde

Maßnahme klären

Position begründen

klarer Abschluss

Freie Aussprache

kurze Beiträge

genau anknüpfen

Überblick behalten

Schlussrunde

Debatte zusammenfassen

entscheidenden Grund benennen

klarer Abschluss

Jede Gruppe erläutert kurz, wie die Stichpunkte zu verstehen sind und woran man erkennen kann, ob ein Debattant diese Leistung tatsächlich gezeigt hat.

Beispiel

Aus unserer Sicht ist es in der Eröffnungsrunde besonders wichtig, dass jeder dazu beiträgt, die Maßnahme zu klären. Pro 1 muss genau erklären, worin der Vorschlag besteht. Contra 1 muss diesen Vorschlag prüfen, Pro 2 muss die Nachfragen beantworten und Contra 2 muss zeigen, was noch unklar ist. Auf diese Weise tragen alle vier zur Klärung der Maßnahme bei. Außerdem sollte jeder Debattant in der Eröffnungsrunde seine Position begründen und am Ende der Eröffnungsrede deutlich sagen, wofür oder wogegen er sich ausspricht.

Beobachtungsaufgaben

Die Schülerinnen und Schüler, die nicht selbst debattieren, müssen in der anschließenden Trainingsdebatte darauf achten, in welcher Weise es den Debattanten gelingt, diese Aufgaben zu erfüllen und so zum Gelingen der Debatte beizutragen. Jedem der vier Debattanten ist eine Gruppe persönlicher Unterstützer zugeordnet, die sich vor allem auf die Leistungen ihres Debattanten konzentriert. Jede Gruppe bestimmt einen Sprecher.

Debatte

Während der Debatte erstellen alle vier Beobachtergruppen parallel eine Debattenmitschrift, die den Verlauf der gesamten Debatte festhält. In jeder Gruppe hat ein Beobachter die Aufgabe, sich besonders auf die in der Checkliste genannten Punkte zu konzentrieren.

Beratungszeit

Nach der Debatte bekommen die Beobachtergruppen drei Minuten Zeit, um sich über die Stärken ihres Debattanten auszutauschen. Die Aufgabe der Sprecher besteht im Anschluss darin, ausschließlich positiv festzuhalten, welche Leistungen die Gruppe wahrgenommen hat. Falls einer der auf der Checkliste notierten Punkte nicht zu erkennen war, wird er nicht angesprochen.

Leistungen würdigen

Die Sprecher der Beobachtergruppen sprechen in der Reihenfolge, in der die Debattanten in der Eröffnungs- und Schlussrunde gesprochen haben. Sie sprechen die Debattanten direkt und mit Namen an und teilen ihnen mit, welche Leistungen sie besonders würdigen möchten.

Beispiel

Lea, du hast durch deine Nachfragen am Anfang sehr dazu beigetragen, dass klar wurde, was Pro eigentlich vorschlagen will. Deine Contra-Position war gut begründet und am Ende der Eröffnungsrede auch durch einen Zielsatz klar formuliert. In der Freien Aussprache hast du gut an die anderen angeknüpft und immer den Überblick behalten. In der Schlussrunde fanden wir besonders stark, wie du die Debatte auf den Streitpunkt zugespitzt hast. Der für dich entscheidende Grund war, dass Drogenkontrollen viel zu teuer sind und man das Geld besser für Präventionsmaßnahmen ausgeben sollte. Dieser Schluss war glasklar.

Übung: Rückmeldung nach Kriterien

In der Übung „Rückmeldung nach Kriterien" üben die Schülerinnen und Schüler, den Beitrag eines Redners zu einer Debatte präzise zu beschreiben, seine Stärken auszuzeichnen und auf Kriterien zu beziehen.

30 Minuten (davon 18 Minuten Debatte)

Mitschriftbögen (weißes Papier A3)

Debattieren lernen, S. 44 f. und S. 47

Ablauf

Die inhaltliche Auswertung der Trainingsdebatte soll im nächsten Schritt um eine qualitative Rückmeldung erweitert werden. Dazu erarbeitet die Lerngruppe zunächst Kriterien, die bei der Beurteilung einer Debatte hilfreich sind. Die Schülerinnen und Schüler erhalten zwei Minuten Zeit, um sich in Partnerarbeit mit ihrem Nachbarn darüber auszutauschen, worin eine gute Debatte besteht. Die Ergebnisse werden an der Tafel festgehalten, zum Beispiel:

Gut wird debattiert, wenn ...

... sich alle an die Regeln halten,

... alle gut vorbereitet sind,

... viele gute Gründe genannt werden,

... die Beiträge immer zum Thema passen,

... die Debattanten aufeinander Bezug nehmen,

... deutlich wird, welche Gründe besonders wichtig sind,

... man nach der Debatte mehr über das Thema weiß als vorher,

... man immer versteht, was gemeint ist,

... es bis zum Schluss spannend ist.

Die Beschreibungen einer guten Debatte werden nun mit der Frage verknüpft, wie man als einzelner Redner zum Gelingen des Ganzen beitragen kann. Um die Fähigkeiten und Kenntnisse guter Debattanten besser charakterisieren zu können, werden die vier Kriterien ‚Sachkenntnis', ‚Ausdrucksvermögen', ‚Gesprächsfähigkeit' und ‚Überzeugungskraft' eingeführt und an der Tafel notiert. Im Unterrichtsgespräch sammeln die Schülerinnen und Schüler nun Stichworte, die man diesen vier Kriterien zuordnen kann. Die Leitfrage lautet:

Worin zeigen sich Stärken eines Debattanten?

Die Antworten werden an der Tafel notiert, zum Beispiel:

Sachkenntnis

- genaue Bestimmung der Maßnahme
- Kenntnis der bisherigen Regelung
- klare Unterscheidungen
- aktuelle Angaben
- treffende Beispiele

Ausdrucksvermögen

- passende Wortwahl
- einprägsame Formulierungen
- lebendige Redeweise
- deutliche Aussprache
- verständliche Sätze

Gesprächsfähigkeit

- aufmerksam zuhören
- ausreden lassen
- genaue Bezugnahme
- Einwände aufgreifen
- kurze Beiträge

Überzeugungskraft

- gut aufgebaute Reden
- Begründung der Position
- Gewichtung der Gründe
- Fairness und Respekt
- entschiedenes Auftreten

Die Schülerinnen und Schüler sollen im Anschluss an eine Trainingsdebatte mit Hilfe dieser Kriterien genau benennen, welche Stärken sie bei den einzelnen Debattanten beobachtet haben. Die Rückmeldung soll sich an folgenden Leitfragen orientieren:

Leitfragen

Welche Position hast du vertreten? Wie hast du sie begründet?

Welche Stärken sind mir aufgefallen? Welchem Kriterium würde ich sie zuordnen?

Wie könntest du dich noch verbessern? Was ist der nächste Schritt dazu?

Beispiel

Du hast dich gegen den Vorschlag ausgesprochen, in der Schule regelmäßig Drogenkontrollen durchzuführen. In deiner Eröffnungsrede hast du das damit begründet, dass die Kontrollen mit großem finanziellen und organisatorischen Aufwand verbunden sind, aber keine verlässlichen Ergebnisse bringen.

Eine Stärke deiner Beiträge sehe ich darin, dass du über die Hintergründe zu diesem Thema sehr gut informiert bist und Wert auf genaue Unterscheidungen legst. Das ist ein Zeichen von hoher Sachkenntnis. Besonders bei deiner Schlussrede ist mir aufgefallen, wie entschieden du deinen Standpunkt vertrittst. Du hast noch einmal deutlich herausgestellt, dass solche Kontrollen die Atmosphäre in der Schule vergiften und dass dir dieser Preis zu hoch ist.

Mir ist in der Freien Aussprache aufgefallen, dass deine Beiträge relativ lang waren. Du könntest dich noch verbessern, indem du dich auf einen Punkt pro Beitrag beschränkst. Dann ist es für die Mitdebattanten leichter, deine Gedanken weiterzuführen und sich mit ihnen auseinanderzusetzen.

Die drei Teile der Debatte

Eröffnungsrunde: Position beziehen

Jeder hat maximal 2 Minuten Redezeit, ohne Unterbrechung.
Pro- und Contra-Redner wechseln einander ab. Pro beginnt.

Leitgedanken

- Was ist jetzt? Was soll sein? Was genau soll dazu geschehen?
- Vorschlag (Pro) oder Kritik (Contra), mit Bezugnahme auf Vorredner.
- Wenn man genug zu sagen hat: Redezeit ausschöpfen.
- Zielsatz = Antwort auf die Streitfrage: „Deshalb bin ich für / gegen …"

Freie Aussprache: Abgleich und Klärung

12 Minuten, ohne Gesprächsleiter, in freiem Wechsel.
Sich kurz fassen, genau aufeinander eingehen.

Leitgedanken

- Worüber sind wir uns einig? Worüber streiten wir?
- Was genau bewerten wir verschieden? (Streitpunkt)
- Inwiefern geht die Streitfrage alle an? (= politische Relevanz)
- Was soll in diesem Streit letztlich entscheiden? (Interessen- / Werte- / Güterabwägung, Kosten, Dringlichkeit)

Schlussrunde: erneut Position beziehen

Jeder hat maximal 1 Minute Redezeit, ohne Unterbrechung.
Gleiche Reihenfolge wie in der Eröffnungsrunde.
Keine neuen Argumente, sondern Ertrag aus der Debatte!

Leitgedanken

- Diese Debatte hat meine Meinung bestätigt / verändert.
- Wichtig war für mich …, und das ist entscheidend, weil …
- Zielsatz: „Deshalb (ausschlaggebender Grund) bin ich für / gegen …"

Das Curriculum

Debattieren unterrichten: Ziele der Unterrichtsreihe

Die Schülerinnen und Schüler sollen ...

Debattieren probieren: Sie probieren selbst aus, wie eine Debatte nach Regeln von Jugend debattiert auf einfachster Stufe abläuft.

Position beziehen: Sie lernen, aus einer Streitfrage einen konkreten Vorschlag zu entwickeln, ihn zu begründen und zu bewerten.

Aufeinander eingehen: Sie lernen, die Freie Aussprache einer Debatte so zu führen, dass jeder Beitrag den Gedanken eines Vorredners aufgreift. Sie lernen, Gemeinsamkeiten und Unterschiede zwischen den Positionen zu erkennen und widerstreitende Werte und Interessen abzuwägen.

Schlüsse ziehen: Sie lernen, die Debatte in der Schlussrunde zusammenzufassen und den für sie wichtigsten Grund entschieden zu vertreten.

Voraussetzungen klären: Sie lernen, sich auf Debatten vorzubereiten, indem sie herausfinden und darstellen, was der Streitfrage zugrunde liegt und worauf sich Positionen stützen können.

Debattieren trainieren: Sie lernen, eine vollständige Debatte nach Regeln von Jugend debattiert zu führen und auszuwerten.

Das Curriculum im Überblick

Das vorliegende Buch bietet ein Curriculum, das in sechs jeweils gleich strukturierten Kapiteln dargestellt wird.

Kapitel 1 („Debattieren probieren") führt Schülerinnen und Schüler an die Debatte heran und zeigt, wie man die Klasse motivieren kann, sich mit Debattenthemen zu befassen. Die folgenden Kapitel 2 bis 5 entfalten Kompetenzen, die für sachbezogene Debatten unentbehrlich sind. Der Kompetenzaufbau folgt dem Verlauf der Debatte (Eröffnungsrunde, Freie Aussprache, Schlussrunde). Die Vorbereitung wird erst im Nachgang vorgestellt, um aus dem Debattieren selbst ein Bedürfnis nach guter Vorbereitung zu erzeugen. Das Schlusskapitel („Debattieren trainieren", Kap. 6) führt die verbesserten Fertigkeiten so zusammen, dass nun auch ganze Debatten geführt und ausgewertet werden können.

Jedes Kapitel beginnt mit einer einfachen, atmosphärisch auflockernden Übung als Einstieg. Daran schließt eine elementare, auf den Kern der jeweiligen Kompetenz zielende Basis-Übung an. Wer diese Übung sicher beherrscht, kann in weiterführenden Aufbau-Übungen die gewonnene elementare Fähigkeit erweitern und verfeinern. Den Abschluss jedes Kapitels bildet eine Übung, in der das Gelernte auf die Debatte übertragen und im jeweiligen Abschnitt zur Anwendung gebracht wird.

Jede Übung zielt darauf ab, die gesamte Klasse zu aktivieren, und zwar so, dass jeder einzelne Schüler eine Aufgabe erhält, die ihn gleichzeitig mit allen anderen in Tätigkeit versetzt. Das hier beschriebene Curriculum ist grundsätzlich für alle Jahrgangsstufen ab Klasse 5 geeignet. Welcher Anspruch sich damit verbindet, richtet sich nach der Schwierigkeit der zur Debatte gestellten Streitfragen. Jede Übung ist mit jeder Streitfrage durchführbar. Methodisch macht es keinen Unterschied, ob die Streitfrage lautet „Soll in unserer Klasse eine Musikanlage aufgestellt werden?" oder „Soll der Länderfinanzausgleich neu geregelt werden?". Je schwieriger die Streitfrage zu beantworten ist, desto anspruchsvoller wird die jeweilige Übung.

Zu Themen, die umstritten sind, ein sachbezogenes, regelgeleitetes Gespräch zu führen ist keine Selbstverständlichkeit. Deshalb konzentriert sich das Curriculum darauf zu zeigen, wozu die Debatte als Gesprächsform dient und wie man auch bei kontroversen Positionen immer noch kooperieren kann. Auf die Analyse einzelner Argumente wird verzichtet. Ebenso wenig kann im Umfang dieses Buches auf Einzelheiten von Debattenthemen eingegangen werden. Zu ihrer Erarbeitung sei auf den jeweiligen Fachunterricht verwiesen.

Debattieren unterrichten

Das Übungsprogramm ist so eingerichtet, dass das Debattieren in sehr unterschiedlichem Stundenumfang unterrichtet werden kann. Stehen nur ein oder zwei Stunden zur Verfügung, bietet Kapitel 1 eine Einführung, die als erster Einblick auch für sich stehen kann. Erlaubt die Zeit, eine ganze Unterrichtsreihe durchzuführen, besteht die Wahl zwischen einem Durchgang durch alle Kapitel auf elementarer Stufe, einem Durchgang mit Ergänzungen durch einzelne weiterführende Übungen und einem Durchgang, der das gesamte, aus dreißig Übungen bestehende Programm durchläuft.

Je nach Stundenzahl, die zur Verfügung steht, sind für die Unterrichtsreihe drei bis vier Wochen zu veranschlagen. Es ist möglich, den jeweiligen Durchgang stundenweise, aber auch kompakt, etwa an einem ganzen Tag durchzuführen. Die Übungen können aber auch einzeln den Unterricht beleben, indem sie gelegentlich oder regelmäßig in den Fachunterricht eingeflochten werden. Die systematische Anlage des Curriculums hilft, auch hier gezielt vorzugehen.

Allein durch Lektüre dieses Buches lässt sich jedoch nicht aneignen, was man als Lehrkraft braucht, um Debattieren gut zu unterrichten. So stellen sich viele Übungen aus der Innensicht eines Schülers dynamischer dar, als man vielleicht erwartet. Wer im Rahmen einer Übung mit anderen gemeinsam auftritt, muss besonders darauf gefasst sein, dass nicht alles läuft, wie zunächst gedacht. Immer wieder erweist sich gerade das Zusammenspiel mit den anderen Rednern als die zentrale Herausforderung, die es in einer Debatte zu meistern gilt.

Jedem, der mit diesem Buch Debattieren unterrichten will, sei daher empfohlen, die hier beschriebenen Übungen zuerst selbst zu durchlaufen. Die in der Lehrerfortbildung der Länder angebotenen Jugend debattiert-Basistrainings für Lehrkräfte bieten die Möglichkeit, unter Anleitung eines erfahrenen Jugend debattiert-Lehrers eine solche Innensicht zu gewinnen. Diese Empfehlung gilt erst recht, wenn Sie die Debatte auch als Form der Leistungsmessung im Unterricht heranziehen möchten. Der Besuch einer Fortbildung ist dafür eine wichtige Voraussetzung.

Unterrichten ist nicht nur eine Frage von Wissen und Methode, sondern auch der pädagogischen Haltung. Für den Unterricht im Debattieren gilt dies in besonderem Maße. Wenn die Lehrerin selbst eine Haltung zeigt, die zur öffentlichen Äußerung ermutigt, werden Schülerinnen und Schüler Mut fassen, öffentlich Position zu beziehen. Wenn der Lehrer selbst bereit ist, zuzuhören und auf Gegenargumente einzugehen, werden Schülerinnen und Schüler die Überzeugung gewinnen, dass es wichtig ist, andere Meinungen zu achten und eigene Positionen immer wieder zu überdenken. Gute Debatten eröffnen Lernchancen für beide Seiten.

Verzeichnis der Übungen

Debattieren probieren

Ballspiel S. 11
Themenspeicher S. 12
Die Frage klären S. 15
Themenfindung in wachsenden Gruppen S. 16
Mikrodebatte (Grundform) S. 18

Position beziehen

Wegbeschreibung S. 25
Zum Punkt kommen S. 26
Vorschlagsgestaltung mit dem Fragenfächer S. 28
Eröffnungsrede mit Erläuterung des Vorschlags S. 30
Einen Vorschlag bewerten (Eröffnungsrunde) S. 32

Aufeinander eingehen

Runderzählung S. 37
Genau anknüpfen S. 38
Den Überblick behalten S. 40
Gut abwägen S. 43
Freie Aussprache mit Strukturkarten S. 46

Schlüsse ziehen

Interview und Darstellung S. 53
Zum Schluss kommen S. 54
Zuspitzung S. 56
Einordnung S. 57
Schlussrunde mit Beratung und Auswertung S. 58

Voraussetzungen klären

Fragenstafette S. 65
Fragennetz S. 66
Antworten einholen S. 68
Gründe finden S. 70
Ergebnistafel S. 72

Debattieren trainieren

Debatte im Goldfischglas S. 77
Trainingsdebatte S. 80
Debattenmitschrift S. 82
Leistungen würdigen S. 84
Rückmeldung nach Kriterien S. 86

		Einstieg	Basis
1	Debattieren probieren	Ballspiel	Themenspeicher
2	Position beziehen	Wegbeschreibung	Zum Punkt kommen
3	Aufeinander eingehen	Runderzählung	Genau anknüpfen
4	Schlüsse ziehen	Interview und Darstellung	Zum Schluss kommen
5	Voraus-setzungen klären	Fragenstafette	Fragennetz
6	Debattieren trainieren	Debatte im Goldfischglas	Trainingsdebatte

Aufbau		Transfer
Die Frage klären	Themenfindung in wachsenden Gruppen	Mikrodebatte (Grundform)
Vorschlagsgestaltung mit dem Fragenfächer	Eröffnungsrede mit Erläuterung des Vorschlags	Einen Vorschlag bewerten (Eröffnungsrunde)
Den Überblick behalten	Gut abwägen	Freie Aussprache mit Strukturkarten
Zuspitzung	Einordnung	Schlussrunde mit Beratung und Auswertung
Antworten einholen	Gründe finden	Ergebnistafel
Debattenmitschrift	Leistungen würdigen	Rückmeldung nach Kriterien

Das Curriculum: Struktur und Systematik

Vom Ganzen zu den Teilen und zurück zum Ganzen

Kapitel 1 und Kapitel 6 zeigen den Weg an, den Lernende in diesem Curriculum absolvieren können: vom Probieren zum Trainieren. Es ist ein Weg, der vom Ganzen der Debatte zu ihren Teilen und zurück zum Ganzen führt.

Am Beispiel der Mikrodebatte (Kapitel 1) wird die komplexe Fähigkeit des Debattierens in einfacher Form vorgestellt und in den folgenden Kapiteln in Teilkompetenzen zerlegt, die auf die drei Teile der Debatte (Kapitel 2: Eröffnungsrunde, Kapitel 3: Freie Aussprache, Kapitel 4: Schlussrunde) sowie die Vorbereitung auf Debatten (Kapitel 5) Bezug nehmen. An jeder Teilkompetenz kann auch einzeln gearbeitet werden. Kapitel 6 führt die neu erworbenen Fertigkeiten im Rahmen einer Trainingsdebatte wieder zusammen.

Am Leitfaden von Frage und Antwort

Die Frage bestimmt das Thema der Debatte, aus den Antworten ergeben sich die Positionen. Frage und Antwort müssen aufeinander bezogen sein, nur dann kann sich zeigen, ob in der Debatte ein gedanklicher Fortschritt erreicht wird. Debatte zielt auf Erkenntnisgewinn.

Sichtbar wird der gedankliche Fortschritt an der Verbindung von Frage und Antwort. In der Mikrodebatte steht zwischen Frage und Antwort als drittes Element der Grund, in der Schlussrede der entscheidende Grund. Es geht nicht um Meinung, sondern darum herauszustellen, welcher Grund nach Durchsicht aller vorgebrachten Argumente für die jeweilige Position den Ausschlag gibt. Eine gute Debatte ist ein lernendes System.

Die Begründung beschreibt gleichsam den Weg, um von der Frage zur jeweiligen Antwort zu gelangen. Das Übungsprogramm beginnt deshalb mit einer „Wegbeschreibung“, erzählend oder informierend, dann, auf eine Streitfrage bezogen, auch argumentierend („Zum Punkt kommen“) und kontrovers („Einen Vorschlag bewerten“).

3 Aufeinander eingehen	Runderzählung	Genau anknüpfen	Den Überblick behalten	Gut abwägen	Freie Aussprache mit Strukturkarten

Die Pro-Seite zeigt den Weg Schritt für Schritt auf, die Contra-Seite stellt ihn Schritt für Schritt in Frage. Um dennoch im Miteinander zu bleiben, kommt es darauf an, das Gespräch als gemeinsame Aufgabe aufzufassen („Runderzählung") und aufeinander Bezug zu nehmen („Genau anzuknüpfen"). Die Betrachtung von Gemeinsamkeiten und Unterschieden („Den Überblick behalten") dient dazu, präzise zu bestimmen, worin die Streitpunkte bestehen und welche Gründe schwerer wiegen („Gut abwägen").

4 Schlüsse ziehen	Interview und Darstellung	Zum Schluss kommen	Zuspitzung	Einordnung	Schlussrunde mit Beratung und Auswertung

In der Schlussrunde der Debatte gilt es, den Ertrag der Debatte festzuhalten („Zum Schluss kommen"), im Hinblick auf die Begründung der Antwort auf die gemeinsame Frage. Auch in der Vorbereitung auf Debatten bilden Frage und Antwort den gedanklichen Rahmen: Die Vorbereitung beginnt mit der Sammlung von Fragen („Fragenstafette"), die Fragen werden dann thematisch geordnet, als Leitfaden der Recherche und Sammlung von Gründen genutzt und schließlich für alle beantwortet („Ergebnistafel").

5 Voraus-setzungen klären	Fragenstafette	Fragennetz	Antworten einholen	Gründe finden	Ergebnistafel

Modell und Skalierung

Die Arbeit mit dem Curriculum wird am fruchtbarsten sein, wenn die Schülerinnen und Schüler lernen, die Debatte modellhaft zu verstehen – als Modell für regelgeleitete Gespräche, als Modell für den Umgang mit Meinungsunterschieden, als Modell für eine sachbezogene Rhetorik, als Modell für die Willensbildung in einer rechtsstaatlichen Demokratie. Ein Verständnis der Debatte als Modell macht es erheblich leichter, den Sinn und Zweck des Debattierens zu vermitteln.

Zur Skalierung bieten sich folgende Möglichkeiten:

- die Auswahl der Streitfrage (einfacher / schwieriger)
- die Bemessung der Redezeiten (kürzer / länger)
- die Anlage der Übung (z.B. Anzahl der Arbeitsschritte, Vorentlastungen)
- die Sozialform der Übung (Einzel-, Partner-, Gruppenarbeit; Auftritt vor der Gruppe)
- der Anspruch der Aufgabenstellung (auch hinsichtlich des Auftrags an die Beobachter)

Die einzelnen Skalierungsmöglichkeiten sind auch miteinander kombinierbar, sowohl gleichgerichtet (z.B. einfachere Streitfrage, kürzere Redezeiten) als auch gegenläufig (z.B. eine schwierigere Streitfrage mit einer einfacheren Aufgabenstellung).

Curriculare Gestaltungsmöglichkeiten

Das Curriculum Jugend debattiert versteht sich als Spiralcurriculum für die gesamte Sekundarstufe, das mit Gewinn erneut durchlaufen werden kann – auf jeweils höherem Niveau, mit immer schwierigeren Aufgabenstellungen und Streitfragen. Auch die Auswahl der Übungen trägt wesentlich zur Differenzierung bei. Das sei hier an zwei Beispielen illustriert.

Das Einsteigercurriculum

Gute Beiträge in sachbezogenen Gesprächen haben drei Eigenschaften: Sie knüpfen genau an, sind begründet und kommen auf den Punkt. In Debatten wird das besonders deutlich. Daraus ergeben sich drei lohnende Lernziele, die mit sechs Übungen anvisiert und erreicht werden können, den Einstiegs- und Basisübungen der Kapitel 1 bis 3, flankiert durch Mikro- und Trainingsdebatte. Bei der Übung der Einzelrede steht das zielsatzbezogene Sprechen in linearer Argumentation im Vordergrund. Außerdem gilt es, zu entdecken, dass es nicht nur darum geht, die eigene Meinung zu äußern, sondern auch, auf andere einzugehen und zu einem konstruktiven Miteinander beizutragen, das auch im Meinungsgegensatz möglich ist.

Das Einsteigercurriculum bildet die Grundlage für eine kurze Unterrichtsreihe, die in vier bis sechs Unterrichtsstunden einen ersten Einblick in das Debattieren gibt und Kompetenzen schult, die auch über die Debatte hinaus von Nutzen sind.

		Einstieg	Basis	Aufbau		Transfer
1	Debattieren probieren	Ballspiel	Themenspeicher			Mikrodebatte (Grundform)
2	Position beziehen	Wegbeschreibung	Zum Punkt kommen			
3	Aufeinander eingehen	Runderzählung	Genau anknüpfen			
4	Schlüsse ziehen					
5	Voraus-setzungen klären					
6	Debattieren trainieren		Trainingsdebatte			

Das Kerncurriculum

Debattieren ist eine geistige Übung, die auf den Unterricht in allen Fächern belebend wirken kann. Das Kerncurriculum präsentiert eine Kernauswahl an Übungen, durch die Schülerinnen und Schüler lernen, gemeinsam Fragen zu stellen und begründet Antwort zu geben. Sie lernen, Fragen und Antworten schrittweise zu klären, Gemeinsamkeiten und Unterschiede festzuhalten und ihre Position im Lichte der geführten Debatte erneut zu begründen.

Die Einstiegsübungen der Kapitel 1 bis 4 eröffnen Zugänge zum gemeinsamen Gespräch, verlangen aber noch keine Kontroverse. Die Basisübungen aller sechs Kapitel bieten das Grundgerüst, das um drei wichtige Aufbauübungen erweitert wird.

Die Übung „Die Frage klären“ steht dabei an erster Stelle. Die Eröffnungsreden können auch dialektisch angelegt sein. In der Eröffnungsrunde werden sie im Wechsel von Rede und Gegenrede vorgetragen. Die Übung „Den Überblick behalten“ (Kapitel 3) zeigt den Fortgang der Kontroverse, die Freie Aussprache wird mit Strukturkarten eigens geübt. Auch die Schlussrede ist in die Übungsfolge einbezogen. Die abschließende Trainingsdebatte wird um die Übung „Leistungen würdigen“ (Kapitel 6) ergänzt, die auch die Zuhörer mit einer konkreten Aufgabe versieht und dazu einlädt, die Perspektive von Juroren einzunehmen.

Das Kerncurriculum beschreibt eine Unterrichtsreihe von 12 bis 14 Unterrichtsstunden, die Übungen zu allen Teilen der Debatte enthält und die Kompetenzen vermittelt, die für einen Klassenwettbewerb benötigt werden. Für den Wettbewerb ist zusätzlich eine Doppelstunde einzuplanen.

	Einstieg	Basis	Aufbau		Transfer
1 Debattieren probieren	Ballspiel	Themenspeicher	Die Frage klären		Mikrodebatte (Grundform)
2 Position beziehen	Wegbeschreibung	Zum Punkt kommen			Einen Vorschlag bewerten (Eröffnungsrunde)
3 Aufeinander eingehen	Runderzählung	Genau anknüpfen	Den Überblick behalten		Freie Aussprache mit Strukturkarten
4 Schlüsse ziehen	Interview und Darstellung	Zum Schluss kommen			
5 Voraus-setzungen klären					
6 Debattieren trainieren		Trainingsdebatte		Leistungen würdigen	

Differenzierung: Position beziehen

Wegbeschreibung

Frage und Antwort sind in der Übung „Wegbeschreibung“ (Einzelrede in Partnerarbeit, Einstiegsübung in Kapitel 2, „Position beziehen“, S. 25) informierend oder erzählend verbunden. Mit der Antwort als Zielsatz schließt die Rede. Dementsprechend kommt es darauf an, die Rede so zu gestalten, dass sie zur Antwort als Zielsatz führt und die Antwort gedanklich trägt. Die Wegbeschreibung verlangt noch keine Argumentation, erfordert aber eine nachvollziehbare Darstellung.

Möglichkeiten der Vereinfachung

Die Aufgabenstellung lässt sich vereinfachen, indem man, wie bei der Eröffnungsrede der Mikrodebatte, die Rede auf drei Schritte reduziert: Frage – Weg – Antwort. Für jeden Schritt genügt ein Satz, zum Beispiel:

Wie bin ich hier her gekommen?

Ich bin mit dem Fahrrad gefahren.

So bin ich hier her gekommen.

Möglichkeiten, die Schwierigkeit zu erhöhen

Die Aufgabenstellung nimmt an Schwierigkeit zu, wenn man sie wie folgt verändert:

Beschreibung eines Alltagsvorgangs

Zum Beispiel: Den Tisch decken. Oder: Ein Spiegelei braten. Im Unterschied zur Wegbeschreibung bedarf das Ziel hier noch einer genaueren Bestimmung. Auch ist der Verlauf, je nach Vorgang, deutlich komplexer als ein einfacher Weg,es genügt jedoch eine genaue Erinnerung.

Beschreibung als Anleitung

Der Weg oder Vorgang wird nach Art einer Anleitung erklärt. Die Frage lautet dann zum Beispiel „Wie kommt man hier zum Bahnhof?“ oder „Wie deckt man den Tisch?“. Nun gilt es, vorausblickend eventuelle Besonderheiten zu berücksichtigen und adressatenbezogen zu formulieren.

Wegbeschreibung biografisch
Die Wegbeschreibung kann man auch auf einen Lebensweg beziehen, sei es den Lebensweg einer bekannten Person, oder den eigenen. Eine ausgezeichnete Übung für jedes Vorstellungsgespräch! (Zielsatz: „So bin ich dazu gekommen, mich bei Ihnen zu bewerben.“)

Besonders gelungene Reden können auch noch einmal vor der Gruppe gehalten werden.

Zum Punkt kommen

Frage und Antwort sind in der Übung „Zum Punkt kommen“ (S. 26/27) argumentativ verbunden. Die Antwort auf die Frage folgt aus dem ihr vorangestellten Grund. Die Frage ist durch eine Einleitung gestützt. Die Übung ist die Basis-Übung in Kapitel 2, „Position beziehen“. Die Gliederung „Grund vor Folge“ folgt dem Aufbau eines anwaltlichen Plädoyers.

Möglichkeiten der Vereinfachung
Die Aufgabenstellung lässt sich vereinfachen, indem man, wie bei der Eröffnungsrede der Mikrodebatte, auf die „Einleitung“ als Element verzichtet und der Soll-Frage ein „Weshalb“ voranstellt. Das erleichtert, die Verknüpfung von Grund und Antwort zu erkennen. Hauptsätze genügen, der Grund kann einfach genannt werden, ein „dafür spricht“ ist nicht erforderlich.

Möglichkeiten, die Schwierigkeit zu erhöhen
Die Aufgabenstellung nimmt an Schwierigkeit zu, wenn man sie wie folgt verändert:

Erweiterung der Begründung, linear
Statt eines Grundes sind drei Gründe anzugeben, in steigernder Reihe. Der stärkste Grund kann mit einem Beispiel veranschaulicht werden.

Erweiterung der Begründung, dialektisch
Statt eines Grundes sind drei Gründe anzugeben, nun in wechselnder Reihe: Grund – Gegengrund stärkster Grund.

Erweiterung der Struktur um das Element „Problem“
Auf die Einleitung folgt als neues Element das „Problem“: die Angabe eines Missstands, der Anlass gibt, die Frage aufzuwerfen. Die Maßnahme, nach der die Frage fragt, wird als Lösung des Problems in Betracht gezogen. Der Grund muss angeben, was dafür spricht, dass die Maßnahme zur Lösung des Problems beiträgt.

Differenzierung: Aufeinander eingehen

Genau anknüpfen

Auch die Übung „Genau anknüpfen“ (S. 38/39) hat ihren Ausgangspunkt in einer Streitfrage. Die Übung ist die Basis-Übung in Kapitel 3, „Aufeinander eingehen“. Wie in einem Dominospiel jeder Stein so anzulegen ist, dass er einem anderen Stein entspricht, gilt auch hier: Wer spricht, greift zunächst den Gedanken des anderen auf, bevor er seinen eigenen hinzufügt. Eine ständige wörtliche Wiederholung ist nicht erforderlich, die Aufnahme des Gedankens der Gegenseite aber ist unentbehrlich.

Die Aufgabe, genau anzuknüpfen, stellt sich in einer Debatte von Anfang an. Wer als erster spricht, wird auf den Horizont der Hörer Bezug nehmen. Wer folgt, knüpft an die Äußerung seines Vorredners an. In der Freien Aussprache kommt es darauf besonders an, können die Redner hier doch die Reihenfolge ihrer Beiträge jederzeit ändern.

Möglichkeiten der Vereinfachung

Die Aufgabenstellung der Übung „Genau anknüpfen“ lässt sich auf folgende Weise vereinfachen:

Aufnehmen und Nachfragen

Die Contra-Seite beschränkt sich auf Nachfragen, das Gespräch wird wie ein Interview geführt. Der Fragesteller hat die Aufgabe, die jeweils gegebene Antwort zunächst zu wiederholen oder aufzugreifen, bevor er seine nächste Frage stellt.

Vorentlastung durch Klärung der Frage

Vor Eintritt in das Gespräch wird kurz besprochen, wie die Frage zu verstehen ist, insbesondere, wie eine dazu passende Maßnahme aussehen kann.

Zwei Schritte, zwei Stühle

Die beiden Gesprächspartner erhalten jeweils zwei Stühle, einen für die Anknüpfung („Du sagst“), den anderen für die Erwiderung („Ich meine“). In ihren Beiträgen wechseln sie entsprechend den Sitzplatz, dabei dürfen sie auch kurz innehalten. Der Platzwechsel veranschaulicht die gedankliche Bewegung und entschleunigt sie zugleich. Die Gedanken können sich setzen, bevor sie ausgesprochen werden.

Möglichkeiten, die Schwierigkeit zu erhöhen

Die Aufgabenstellung nimmt an Schwierigkeit zu, wenn man sie wie folgt verändert:

Drei Schritte, drei Stühle

Jeder Beitrag besteht aus drei Schritten, nämlich: Anknüpfen – Kommentieren – Weiterführen. Differenziert wird die Erwiderung. „Kommentieren" kann Zustimmung oder Ablehnung bedeuten („Das sehe ich genau so / Das sehe ich anders"), Verständnis oder Unverständnis anzeigen, sprachlich oder gedanklich („Das verstehe ich / Das verstehe ich noch nicht"), aber auch emotional („Das freut mich / Das beunruhigt mich"). Die Kommentierung geht aber gedanklich nicht über die Anknüpfung hinaus.

„Weiterführen" heißt darlegen, was aus der Kommentierung folgt. Das kann eine Nachfrage oder Rückfrage sein, eine eigene Beobachtung, eine inhaltliche Ergänzung, ein weiteres Argument oder Gegenargument. Auch kann ein inhaltlich neuer Punkt angesprochen werden. Wichtig ist, die Weiterführung immer im Lichte der Streitfrage zu sehen, also als Beitrag zu ihrer Beantwortung aus Sicht der Position, die man in der Übung anwaltlich übernommen hat.

Unterschiedlich anknüpfen

Differenziert wird die Anknüpfung. Unterschiedliche Möglichkeiten, genau anzuknüpfen, werden nacheinander erprobt.

a) Du sagst ...
Die jeweilige Aussage wird sinngemäß wiedergegeben, in eigenen Worten oder als Zitat, soweit es auf den genauen Wortlaut ankommt (z.B. Zahlenangaben).

b) Du empfindest ...
Eine emotionale Äußerung wird aufgegriffen.

c) Du gehst davon aus ...
Ein genannter Grund wird aufgegriffen oder eine Annahme, die der Aussage zugrunde liegt. Dabei kann es sich auch um eine unausgesprochene Annahme handeln.

d) Du sprichst ... an.
Ein übergeordneter inhaltlicher Gesichtspunkt wird aufgegriffen.

Die Variante a beschreibt die Anknüpfung, wie sie die Übung „Genau anknüpfen" vorsieht. Die Varianten b – d sind weitere Möglichkeiten, die angewendet werden können, wenn sich der Gesprächspartner entsprechend äußert.

Übersicht: Arbeitsblätter zu jedem Kapitel

Das Download-Material zu diesem Band enthält sechs Arbeitsblätter, die jeweils in einer Print-Version und als editierbare PDF-Dokumente für die elektronische Bearbeitung vorliegen. Zu jedem Arbeitsblatt gibt es außerdem eine Musterlösung. Auf den folgenden Seiten werden die Arbeitsblätter und ihre Einsatzmöglichkeiten genauer erläutert.

Arbeitsblatt „Themenfindung"
Mit dem Arbeitsblatt „Themenfindung" sammeln die Schülerinnen und Schüler „Ärgernisse" und suchen nach Möglichkeiten, das Problem zu lösen, das sich dahinter verbirgt. Auf diese Weise können sie üben, Debattenthemen zu finden und als Streitfragen zu formulieren.

Arbeitsblatt „Fragenfächer"
Das Arbeitsblatt „Fragenfächer" dient dazu, eine Streitfrage in Unterfragen zu zerlegen und Antworten auf diese Fragen zu suchen. Auf diese Weise können die Schülerinnen und Schüler genauer bestimmen, worin der Vorschlag besteht, über den debattiert werden soll.

Arbeitsblatt „Strukturkarten"
Die „Strukturkarten" unterstützen die Schülerinnen und Schüler dabei, die Freie Aussprache vorzubereiten: Sie sammeln die wichtigsten Gesichtspunkte zu einem Thema und ordnen sie den Positionen Pro 1, Contra 1, Pro 2 und Contra 2 zu.

Arbeitsblatt „Gesprächsnotiz"
Eine „Gesprächsnotiz" können die Schülerinnen und Schüler während oder nach einer Debatte erstellen. Dabei sollen sie besonders darauf achten, dass vor der abschließenden Antwort ein entscheidender Grund notiert wird.

Arbeitsblatt „Pro-Contra-Liste"
Die „Pro-Contra-Liste" ist eine gute Möglichkeit, Gründe für beide Seiten zu sammeln und aufeinander zu beziehen. Die Schülerinnen und Schüler können damit üben, gedanklich an die Position der Gegenseite anzuknüpfen und genau zueinander passende Gründe und Gegengründe zu finden.

Arbeitsblatt „Beobachtungsbogen"
Mit dem „Beobachtungsbogen" üben die Schülerinnen und Schüler, eine Debatte zu verfolgen und dabei den Beitrag jedes Einzelnen zu würdigen. Jedem Debattanten ist ein Beobachter zugeordnet, der mit Hilfe des Bogens festhält, was gut gelungen ist und was noch verbessert werden könnte.

Erläuterung: Arbeitsblatt „Themenfindung“

Das Arbeitsblatt „Themenfindung“ unterstützt die Schülerinnen und Schüler dabei, eigene Anliegen und Interessen so zu formulieren, dass man sie als Debattenthemen verwenden kann. Zunächst bearbeitet jeder das Arbeitsblatt für sich allein. Als Ausgangspunkt wählt jeder etwas, worüber er sich kürzlich mit anderen geärgert hat und was im Interesse aller geändert werden müsste. Unter dem Ärgernis notieren die Schülerinnen und Schüler dann eine mögliche Lösung des Problems. Nun werden die Arbeitsblätter zerschnitten, so dass drei Abschnitte entstehen („Themenkarten“). Die Schülerinnen und Schüler bilden Paare und suchen aus ihren sechs Themen die drei für sie wichtigsten heraus. Anschließend bilden jeweils zwei Paare eine Vierergruppe, die wiederum aus ihren sechs Themen drei auswählt. Die als Problemlösungen formulierten Themen werden nun entweder im Unterrichtsgespräch oder in den Gruppen als Soll-Fragen formuliert. Die so gewonnenen Streitfragen können auf der unbedruckten Rückseite der Themenkarten oder an der Tafel festgehalten werden.

Einsatzmöglichkeiten: Themenfindung in wachsenden Gruppen (S. 16–17), Vorbereitung einer Mikrodebatte (S. 18–21) oder Trainingsdebatte (S. 80–81)

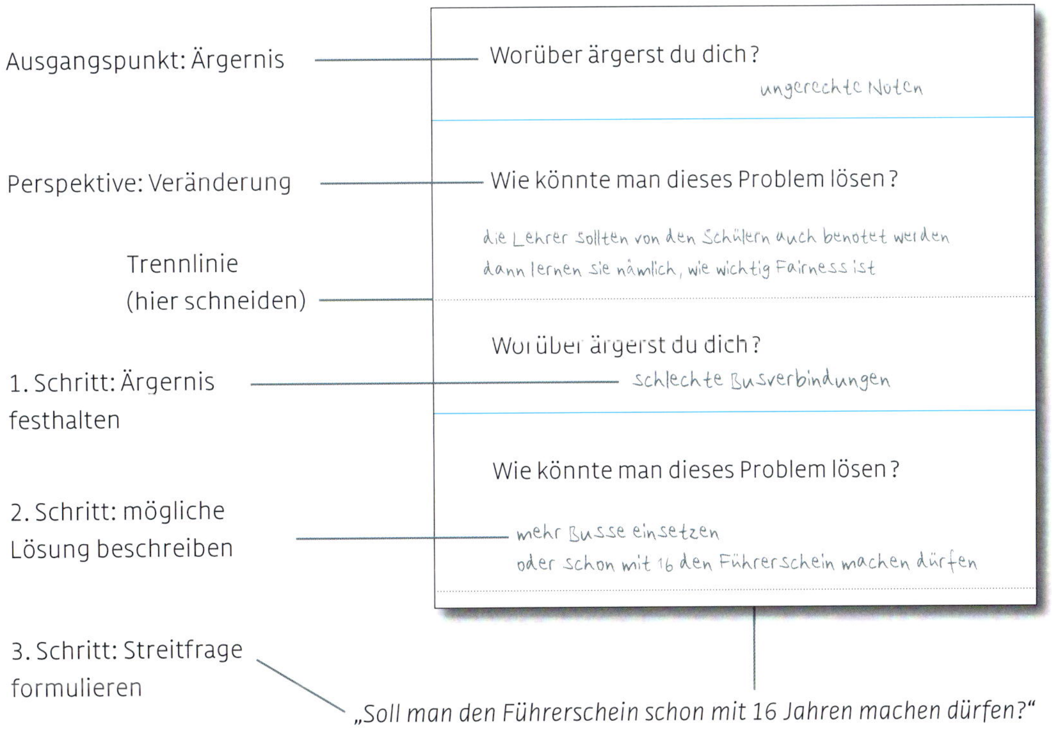

Erläuterung: Arbeitsblatt „Fragenfächer"

Das Arbeitsblatt „Fragenfächer" hilft, die jeweilige Streitfrage genauer zu betrachten. Die Lerngruppe leitet aus der Streitfrage im Unterrichtsgespräch ein oder zwei Unterfragen ab, die als Beispiele an der Tafel notiert werden. Die gesamte Lerngruppe überlegt, wie man diese Unterfragen beantworten könnte. Dann bearbeiten die Schülerinnen und Schüler das Arbeitsblatt in Kleingruppen. Am Ende der Bearbeitungszeit stellen die Kleingruppen ihre Ergebnisse vor. Für die Präsentation stehen jeweils 2 Minuten zur Verfügung. Anschließend können die Schülerinnen und Schüler aus anderen Gruppen zu einzelnen Punkten Nachfragen stellen. Die Arbeitsergebnisse der Gruppen sind Beispiele dafür, wie man aus einer Streitfrage einen Vorschlag entwickelt. Die Ergebnisse können in den Übungen zur Eröffnungsrede und Eröffnungsrunde weiterverwendet werden.

Einsatzmöglichkeiten: Vorschlagsgestaltung mit dem Fragenfächer (S. 28–29), *Vorbereitung einer Trainingsdebatte* (S. 80–81)

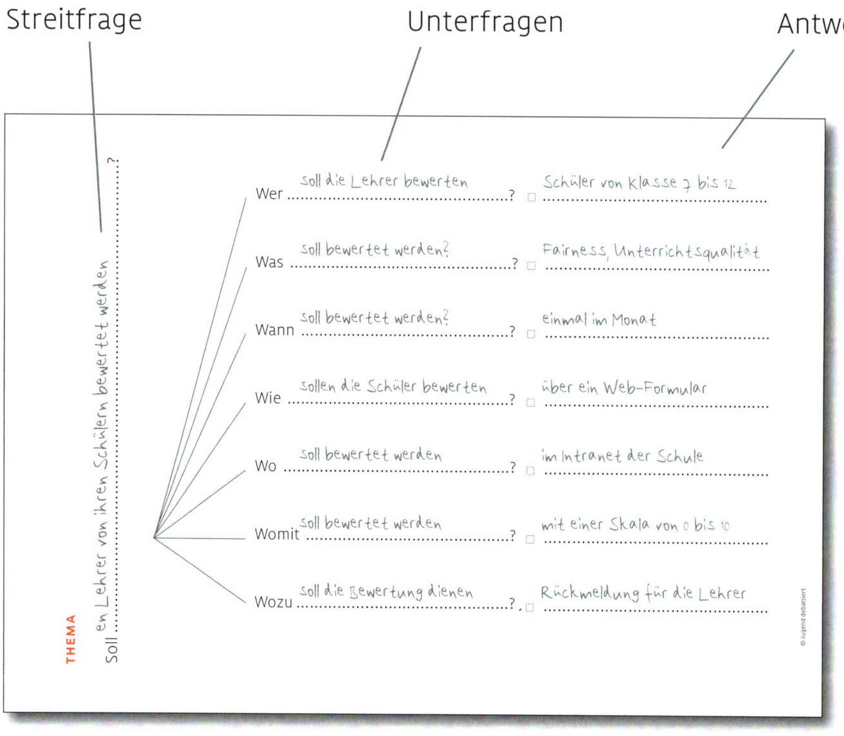

Erläuterung: Arbeitsblatt „Strukturkarten“

Mit dem Arbeitsblatt „Strukturkarten“ können die Schülerinnen und Schüler eine Freie Aussprache in kurzer Zeit vorbereiten, führen und auswerten. Zu einem vorgegebenen oder selbst gewählten Thema erarbeiten die Schülerinnen und Schüler in Kleingruppen vier Karten, die den vier Positionen in der Debatte zugeordnet sind. Zunächst notieren die Schülerinnen und Schüler die Streitfrage oben auf jeder der vier Karten. Dann ergänzen sie den Satzanfang „Deshalb“ unten auf den Karten so, dass sich eine passende Antwort auf die Frage ergibt. Zwischen Frage und Antwort notieren sie zwei Gründe, die für ihre Position sprechen. Die Karte für Position Pro 1 kann auch eine Erläuterung des Vorschlags enthalten. Wenn die Strukturkarten erstellt sind, wird das Arbeitsblatt zerschnitten. Das Los entscheidet, wer welche Position vertritt und wer die Beobachterrolle übernimmt. Die Gruppen beginnen gleichzeitig. Zunächst lesen die Redner in der Reihenfolge Pro 1, Contra 1, Pro 2, Contra 2 ihre Strukturkarte nur vor. Dann haben sie die Aufgabe, auf die Beiträge ihrer Gesprächspartner Bezug zu nehmen und zugleich ihre eigenen Gründe einzubringen. Wie gut dies gelingt, wird von den Beobachtern festgehalten.

Einsatzmöglichkeiten: Freie Aussprache mit Strukturkarten (S. 46–49), Vorbereitung einer Trainingsdebatte (S. 80–81)

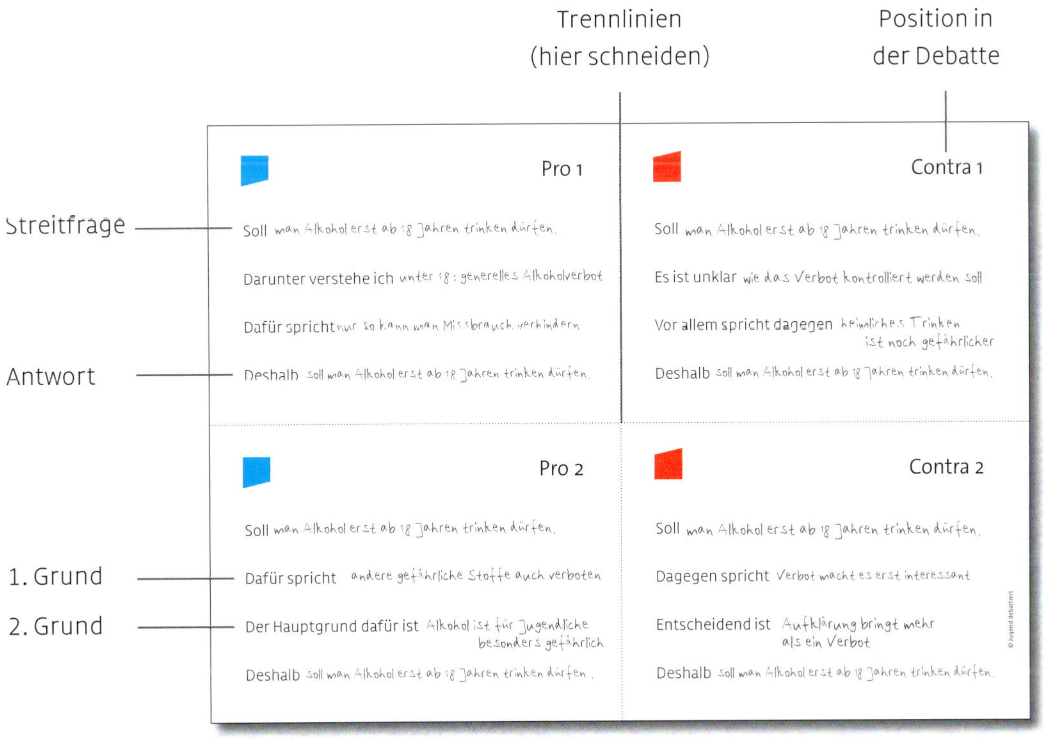

Erläuterung: Arbeitsblatt „Gesprächsnotiz“

Mit dem Arbeitsblatt „Gesprächsnotiz“ können die Schülerinnen und Schüler trainieren, wie man wichtige Gesichtspunkte in einem Gespräch, zum Beispiel einer Debatte, festhält und anschließend einen entscheidenden Aspekt auswählt und benennt. Wenn diese beiden Schritte getrennt werden sollen, kann das Blatt auch quer gefaltet werden, so dass nur die obere Hälfte sichtbar ist. Vor Beginn des Gesprächs notieren die Schülerinnen und Schüler das Thema auf dem Arbeitsblatt. Während des Gesprächs nutzen sie das Blatt, um wichtige Gesichtspunkte zu notieren. Nach dem Gespräch erhalten sie die Gelegenheit, ihre Notizen zu vervollständigen und den für sie entscheidenden Aspekt auszuwählen. Zum Abschluss formulieren sie die Antwort oder Schlussfolgerung, die sich aus dem Gespräch für sie ergibt. Die Gesprächsnotiz kann danach als Manuskript für eine Rede verwendet werden, die das Gespräch zusammenfasst und einordnet.

Einsatzmöglichkeiten: Interview und Darstellung (S. 53), Zum Schluss kommen (S. 54–55), Schlussrunde mit Beratung und Auswertung (S. 58–61)

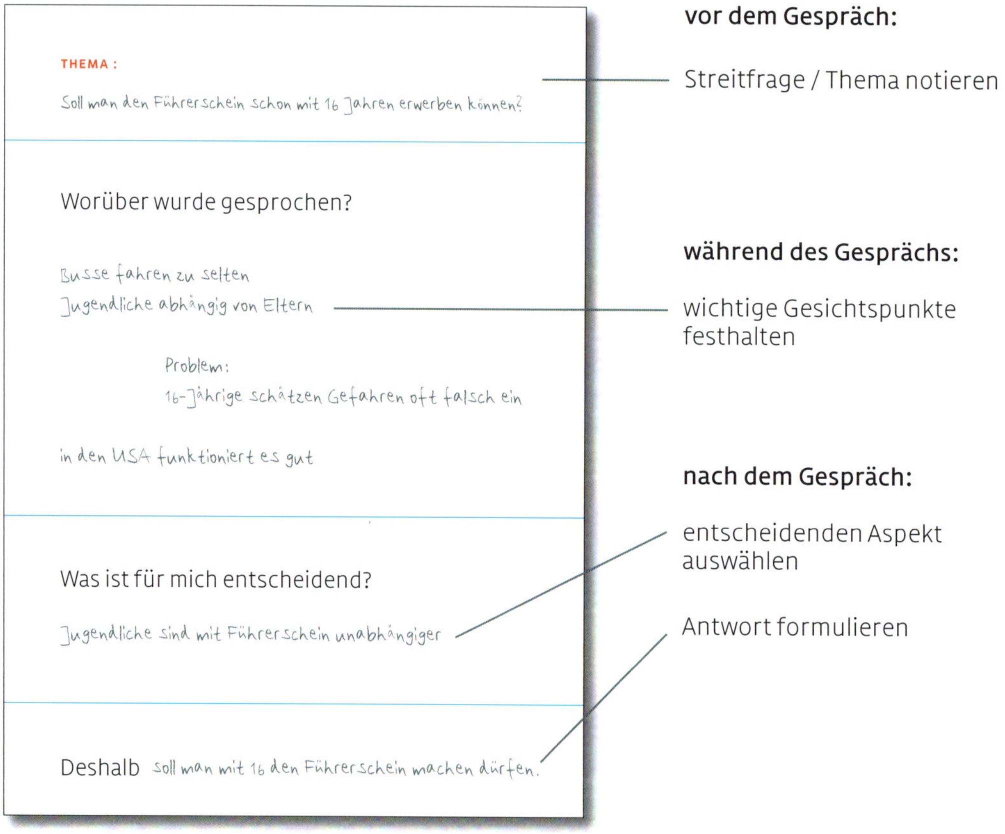

Erläuterung: Arbeitsblatt „Pro-Contra-Liste“

Das Arbeitsblatt „Pro-Contra-Liste“ erlaubt es, Gründe und Gegengründe zu sammeln und einander genau gegenüber zu stellen. Zunächst wird eine Streitfrage vorgegeben oder ausgewählt. Die Maßnahme, um die es in der Streitfrage geht, sollte in ihren Grundzügen bereits geklärt sein. Die Schülerinnen und Schüler bearbeiten nun die Pro-Contra-Liste in zwei gleich großen Gruppen. Die Gruppe „Pro“ bearbeitet die linke Seite der Liste, die Gruppe „Contra“ die rechte Seite. Innerhalb jeder Gruppe arbeiten die Schüler paarweise zusammen. Sie haben im ersten Schritt die Aufgabe, in vollständigen Sätzen Gründe zu notieren, die für ihre Position sprechen. Danach tauschen die Gruppen die Listen aus. Nun müssen sie zu jedem Grund, den die andere Gruppe notiert hat, einen exakt passenden Gegengrund eintragen. Grund und Gegengrund passen dann zusammen, wenn sie denselben Aspekt des Themas betreffen. Bei der Präsentation der Ergebnisse wird immer erst der Grund der Gegenseite und dann die eigene Position genannt.

Einsatzmöglichkeiten: Gründe finden (S. 70–71), Vorbereitung einer Trainingsdebatte (S. 80–81)

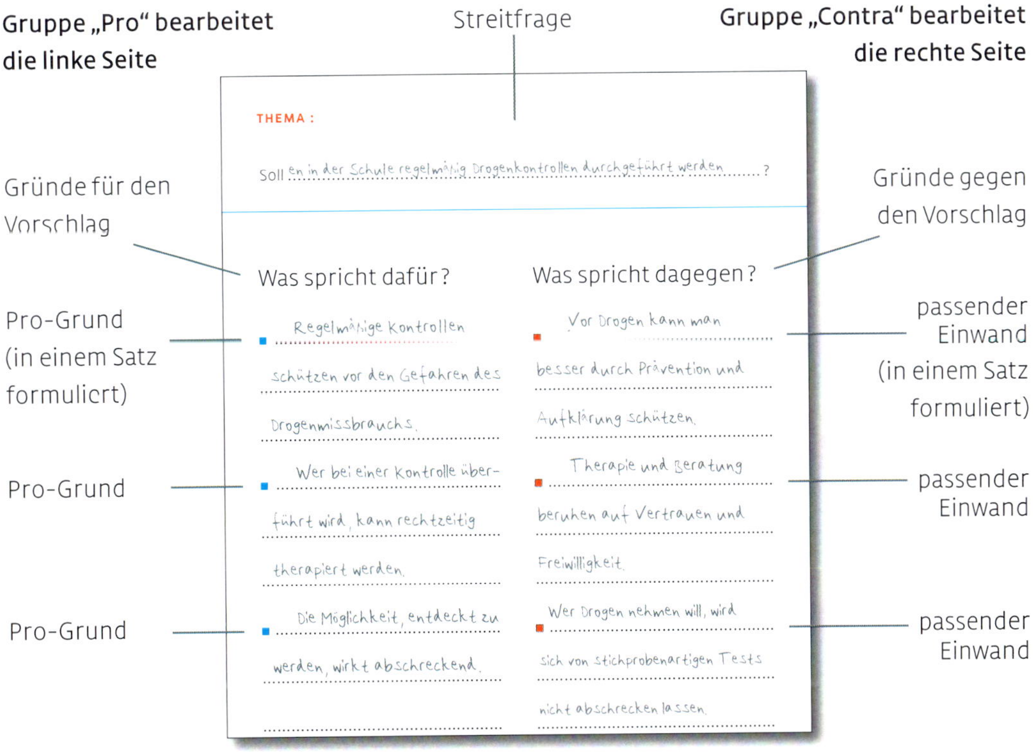

Erläuterung: Arbeitsblatt „Beobachtungsbogen“

Das Arbeitsblatt „Beobachtungsbogen“ unterstützt die Schülerinnen und Schüler dabei, die Beiträge eines Debattanten genau zu verfolgen. Vor der Debatte wird jedem Debattanten ein persönlicher Beobachter zugeordnet. Der Beobachter sitzt dem Debattanten während der Debatte gegenüber. Zu jedem Teil der Debatte sind auf dem Bogen drei Beobachtungsaufträge notiert, die sich auf Aufgaben des Debattanten beziehen. Wenn der Debattant diese Aufgabe erfüllt hat, setzt der Beobachter einen Haken. Links und rechts auf dem Bogen haben die Beobachter Platz für Notizen zu Form und Inhalt der Beiträge der Debattanten, denen sie zugeordnet sind. Nach der Debatte setzt sich jeder Beobachter mit dem Debattanten, auf den er besonders geachtet hat, zusammen und bespricht den Verlauf der Debatte. Es ist auch möglich, dass die Beobachter ihren Eindruck als persönliche Rückmeldung vor der gesamten Lerngruppe vortragen.

Einsatzmöglichkeiten: Leistungen würdigen (S. 84–85)

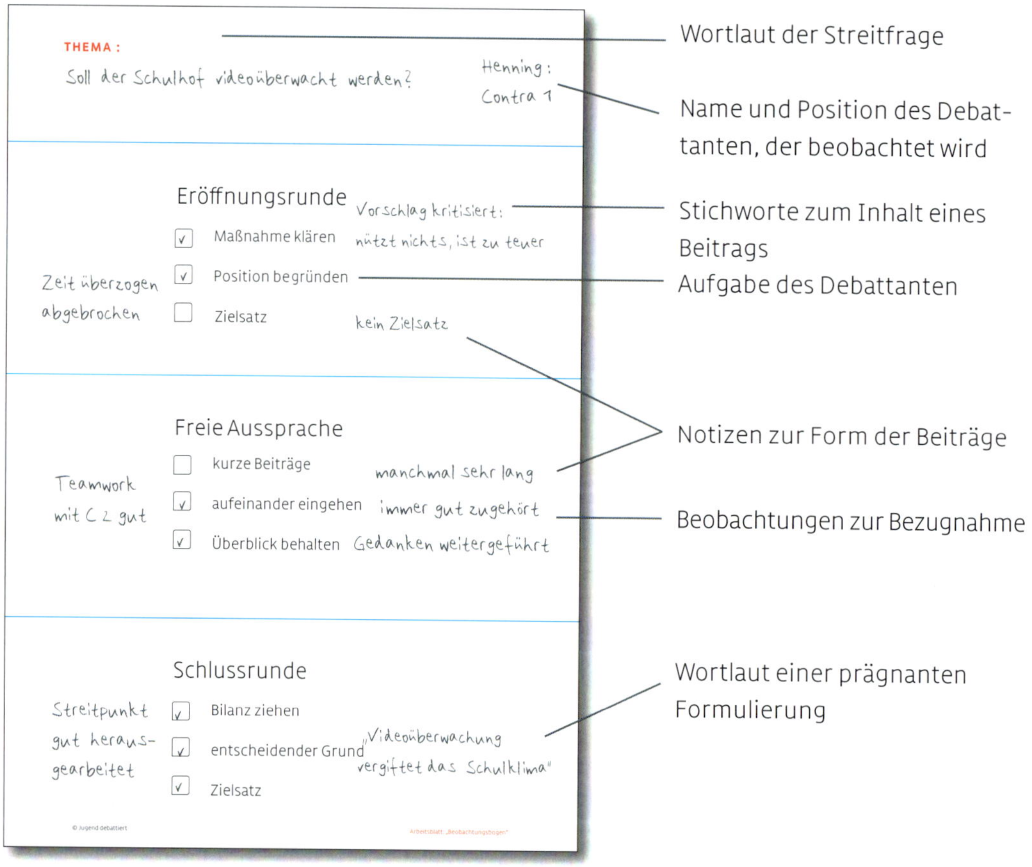

Weiterführende Hinweise

Aktuelle Informationen

Aktuelle Informationen zu Jugend debattiert erhalten Sie unter www.jugend-debattiert.de. Diese Seite gibt einen umfassenden Überblick über Training und Wettbewerb, die beteiligten Schulen, den Schirmherrn und die Partner und Förderer von Jugend debattiert. Verzeichnet sind auch die Termine öffentlich zugänglicher Veranstaltungen in Bund und Ländern.

Für Lehrkräfte an Schulen im Schulnetz Jugend debattiert steht ein passwortgeschützter interner Bereich zur Verfügung – mit zahlreichen Materialien für Unterricht und Wettbewerb, die das vorliegende Lehrwerk und die unter dem Titel *Debattieren lernen, Debattieren lernen in der Sekundarstufe II* und *Einstieg ins Debattieren* erhältlichen Arbeitshefte für Schülerinnen und Schüler vertiefen und ergänzen.

Teilnahme

Jugend debattiert wendet sich an alle Arten weiterführender Schulen. Wenn Sie mit Ihrer Schule an Jugend debattiert teilnehmen möchten, wenden Sie sich bitte an den Jugend debattiert-Landesbeauftragten Ihres Bundeslandes, den Sie über das Kontaktformular im allgemein zugänglichen Teil der Internetseite erreichen können. Er wird Ihnen gern nähere Auskunft zu den Teilnahmebedingungen, zum Wettbewerb Jugend debattiert und zur Jugend debattiert-Lehrerfortbildung in Ihrem Bundesland geben.

Jugend debattiert weltweit

Jugend debattiert gibt es in 35 Ländern, als Programm der Gemeinnützigen Hertie-Stiftung und der Zentralstelle für das Auslandsschulwesen für Deutsch-Lernende in Bulgarien, Estland, Frankreich, Kroatien, Italien, Lettland, Litauen, Polen, Rumänien, Schweden, der Slowakei, Tschechien, der Ukraine und Ungarn. In der Schweiz gibt es ein eigenes Projekt Jugend debattiert. Dort findet der Wettbewerb auf Schwitzerdütsch, Italienisch und Französisch statt. Darüber hinaus gibt es Jugend debattiert in deutscher Sprache als Teil der Auswärtigen Bildungs- und Kulturpolitik der Bundesrepublik Deutschland auch in Spanien und Portugal, Argentinien, Bolivien, Brasilien, Chile, Kolumbien, Paraguay, Peru und in den USA, Kanada und Mexiko sowie in China, Indonesien, Japan, Korea, Malaysia und Singapur. Partner vor Ort ist jeweils die Zentralstelle für das Auslandsschulwesen.

An Jugend debattiert teilnehmen können Schülerinnen und Schüler und ihre Lehrkräfte an Partnerschulen des Auswärtigen Amtes, die Deutsch mindestens auf dem Niveau B1 unterrichten. Jugend debattiert-Schulen in Deutschland können mit diesen Schulen in Kontakt und Austausch treten. Weitere Informationen zu Jugend debattiert weltweit finden Sie im Internet unter: https://www.jugend-debattiert-weltweit.de/

Lehrwerke zu Jugend debattiert

Begleitbände für Lehrkräfte

DU I Frank Hielscher, Ansgar Kemmann, Tim Wagner: *Debattieren unterrichten I. Curriculum, Übungsbeschreibungen und Systematik*, Hannover: Klett Kallmeyer, 9. Auflage, 2025, [= der vorliegende Band], ISBN (Print): 978-3-7800-1070-4, ISBN (E-Book): 978-3-7727-9033-1

DU II Tim Wagner, Ansgar Kemmann: *Debattieren unterrichten II: Grundlagen, Vertiefungs- und Erweiterungsmöglichkeiten*, Hannover: Klett Kallmeyer, 2. Auflage, 2024, ISBN (Print): 978-3-7727-1528-0, ISBN (E-Book): 978-3-7727-1529-7

DUK5 Tim Wagner: *Debattieren unterrichten ab Klasse 5: Übungen und Methoden für den Einstieg ins Debattieren*, Hannover: Klett Kallmeyer, 1. Auflage, 2023, ISBN (E-Book): 978-3-7727-1849-6

Arbeitshefte für Schülerinnen und Schüler

EiD Tim Wagner, Ansgar Kemmann: *Einstieg ins Debattieren. Arbeitsheft für Schülerinnen und Schüler ab Klasse 5*, Hannover: Klett Kallmeyer, 2. Auflage, 2023, ISBN (Print): 978-3-7727-1676-8

DL Tim Wagner, Ansgar Kemmann: *Debattieren lernen. Arbeitsheft für Schülerinnen und Schüler*, Hannover: Klett Kallmeyer, 7. Auflage, 2024, ISBN (Print): 978-3-7800-4849-3

DLSL Tim Wagner, Ansgar Kemmann: *Debattieren lernen. Arbeitsheft für Schülerinnen und Schüler*, Ausgabe für Sprachlernende, Hannover: Klett Kallmeyer, 2. Auflage, 2023, ISBN (Print): 978-3-7727-1612-6 [entspricht im Aufbau DL; Verweise auf das Arbeitsheft beziehen sich immer auf beide Ausgaben]

DL II Tim Wagner: *Debattieren lernen in der Sekundarstufe II. Arbeitsheft für Schülerinnen und Schüler*, Hannover: Klett Kallmeyer, 1. Auflage, 2024, ISBN (Print): 978-3-7727-1812-0, ISBN (E-Book): 978-3-7727-1813-7